僕はゲームのように生きることにした。

本田晃一

Koichi Honda

THE GAME

CONTENTS
目次

はじめに

僕はかつて、人と比較すると激しく落ち込むタイプだった。

たとえば同級生に彼女ができたとき、うらやましいと思うどころか、「自分に彼女ができるのは来世かもしれないな」くらいに落ち込んだ。ましてや結婚なんて果てしなく遠い夢。

そして、コツコツ努力をすることも苦手だった。

中間試験の前に計画を持って勉強することもできず、毎回一夜漬けにかけていたが、深夜ラジオだけ聴いてポテトチップスの空袋が散乱している状況だった。

赤点をとることも多く、いろいろな分野に自信を持っていなかった。


そんな僕が「もしかしたら、人生ってゲームかも」と視点を変えはじめたら、だんだんと人生が好転していった。


ゲームをはじめると、主人公は武器も防具も何も持っていない、レベル1状態。

だけど「何も持っていない」と絶望するだろうか？

いや、買ったばかりのゲームを手にしたとき、ものすごくワクワクするはずだ。

これからどんな冒険がはじまるのだろう？

何を手に入れていくのだろう？

どんな経験ができるのだろう？


たとえばだ。

結婚をゴールにしたいと思ったとき、ゲームだったらもっと手前の経験でワクワクできる。

「好みの女の子を見つける」というミッションにワクワクするし、それをクリアしたら「話しかける」というミッションにワクワクする。


ゲームは、少し背伸びをしたら手が届きそうなゴールが毎回設定されている。

手の届きそうなゴールの手前にも、必ずヒントが隠されている。

何も持っていない主人公が、毎回小さなミッションをクリアできるようになっているんだ。


勉強も、社会人になってからやった。

英語の偏差値が38という、ミラクルクルクルクルパーだった僕だが、どうしても海外にいきたくなった。砂漠で道に迷ったとき、なんて聞けばいいのかそのフレーズだけ覚えようとした。

そこから、お腹が空いたときになんといえばいいんだろう？　そのフレーズを知りたい……と、少しずつ手に入れようとした。

そうしたら、すごく面白い展開がはじまっていった。

本文で詳しく書いていくけど、それはまるでゲームのようだった。

コツコツが苦手な上、学歴もなかったので、なんとなく一攫千金を狙う残念な自分もいた。年末ジャンボ宝くじを毎年買っては、がっかりしたものだ。

だけど、仕事もゲームとしてとらえると、様々な人と出会い多くのヒントをいただき、当時の自分では考えられないような仕事ができるようになった。

師匠と呼べるような人とも出会い、気がついたらコツコツと自分のステージを上げていくような機会にも恵まれた。


人生は一度きりのゲームのようなものだ。

何も持っていなかったイケていなかった僕は、まさにゲームの主人公の気分だった。

「旅立ちの地」で、名前入力を終えただけで、武器も防具も持っていない、レベル1状態。ヒットポイント、マジックポイント、力、素早さ、経験値、ゴールド、攻撃力、守備力……何もかもが最小値。それが僕の学生時代のイメージだった。

何もない僕が、どうやったら本当の幸せを手に入れることができるのか。

それればかりを考えながら、まるでロールプレイングゲームを少しずつ攻略するように、レベル1だった僕は、ちょっとずつレベルを上げていった。

様々な経験と出会いを通し、レベルを上げ、武器や防具、そして情報を手に入れながら、世界を広げていった。

出会った人が僕に歩き方を教えてくれた。

そのすべてが僕の人生にヒントを与えてくれて、今は、当時の自分では思いも寄らないほど素晴らしい人生を謳歌することができている。

この本はそんな僕のゲームのような人生をなぞりながら、大きなターニングポイントになった出来事と出会いを中心に伝えていくものだ。

当時の僕のように「自信がないな」とか、「未来にあまり希望を持てないな」と思う人にとって、少しでも参考になればと思いながら、書き進めていこうと思う。

「あのころの僕と、あのころの僕のような人に届け！」

そんな気持ちを込めて、他人に話すのが少し恥ずかしい話も、書いていくつもりだ。

今の僕は、ひとつのゲームだけではなくて、たくさんのゲームをクリアしていっているし、その続編や他のゲームも同時に進めている。

自由に好きなことをやって、愛する家族や仲間に囲まれながら、当時の僕には考えられないくらい、様々な分野で幸せを感じている。

僕たちは、みんなゲームに夢中になっていた。

親から「宿題はやったの？」と聞かれても、ゲームを続けていた。

あの夢中力はどこからきたのだろう。なぜあんなに没頭できたのだろう。

モチベーションなんて言葉を知らなかったのに、あれこそがモチベーションの塊だ。あの夢中力を大人になってから活用できたら、マジで俺スーパーヒーローじゃね？


そう、人生とはゲームなんだ。

そうとらえると、誰しもが持っていたモチベーションの塊を利用できるんだ。

誰だってスーパーヒーローになれるんだ。


あの悩んでいたころの自分だけでなく、当時の僕のように、つい劣等感を抱えたり、夢や理想を描いた瞬間落ち込んだり、新たなチャレンジをしたくても、思うようにできないという人に、僕の経験を通じながら伝えられたらと思う。


この本は、ゲームの攻略本のようなものだ。

さぁ、一緒に旅に出よう！

THE GAME

1

はじまりの章

自分って、イケてないなと思っていた

もともと僕は、自分のことをイケてない人だと思っていた。

すごくイケてない自分。これがはじまりだった。

だから、あなたが「自分は全然イケてないな」と今現在、思っているとしても何も心配ない。イケてない自分からはじめよう。僕もそこからはじめたんだ。

話は中学校時代までさかのぼる。

小学校もそうだけれど、中学校では勉強かスポーツのどちらかができればある意味バラ色だ。ヒーローになれる。逆に、両方できないと全然ダメだよね。

僕は両方できなかったから、当然、自信がない。

といっても、勉強に打ち込んで成績を上げる意欲もない。スポーツの才能も、ないものとあきらめていた。

自信が持てるものは何もなかったけれど、僕は機械やコンピュータが好きだった。だから、高校は工業系にいけたらいいな……と思ってはいた。

僕にとてもよくしてくれた数学の先生がいて、「それなら、この高校がいいよ」と勧めてくれた。そこは、将来アメリカの有名な工科大学に交換留学できるチャンスがあるという。

「ビル・ゲイツってのはすごいんだぞ」と教えてくれたのも、この先生だ。僕の中学時代だから、まだ１９８０年代後半の話。ウィンドウズ95で、マイクロソフトが「誰でも知っている会社」になったのが95年。いかにこの先生に先見の明があったかがわかると思う。

僕もパソコンは好きで、ベーシックという言語でプログラムをいじっていたりしたから、「そうか、世界にはそんなすごいやつがいるのか。自分もそっちのほうにいければいいなあ」なんて、漠然とした憧れを抱いたりした。

当時の日本は、バブル経済の真っ只中だった。ゴルフ会員権の販売をしていた父の会社はめちゃくちゃ儲かっていた。

だから、工学系の高校に進みたいという僕の希望を、父は真っ向から否定した。

「そんなことやるより、普通科の高校へいって、普通に大学にいって、商売をしたほうがよっぽど金になるぞ」という。

父とはけんかになったけれど、結局、僕は自分のいきたくない高校に進学してしまった。

イケてない自分がいて、何かで自信を持ちたくて。

やりたいこともぼんやりとは見えていたけれど、結局それもあきらめて。

僕はイケてない自分のまま、高校生になった。

男子校のモテないライフ

高校は男子校だった。

そこで、十代の自分にとっては（いや、きっと誰にとっても、だろうけれど）つらすぎる「モテないライフ」がはじまった。

もともと「俺はイケてない」と思っているところに持ってきて、男子校にいると、女の子とのコミュニケーションの仕方が本当にわからなくなってしまう。

わかりやすくいうと、異性と目が合っただけで照れてしゃべれない、という男子高校生になってしまったんだ。

もちろん、これじゃ楽しく女の子と会話することなんて無理。

さらに追い打ちをかけるようなこともあった。『ホットドッグ・プレス』という雑誌があって、そこには女の子との付き合い方とか、モテる秘訣みたいなマニュアル記事がたくさん載っていた。

まあ、今になって思い出すと、「童貞が書いた童貞のためのマニュアル」って感じのほほえましいものだったんだけれど、当時の僕はもちろん、真に受けてしまうわけ。

それを読むと、おそろしいことが書いてあった。

いわく、身長・学歴・収入の3つが高くないと――これを「三高」という。当時の流行語にもなった――女の子には相手にされない。

たとえいいレストランを知っていても、「メッシーくん」で終わってしまう。メッシーくんというのも、このころに流行った言葉で、単なる「ご飯をおごってくれる要員の男」のこと。いい車に乗っていても「アッシーくん」どまり。同じく当時の流行語で、「移動のときに車を出してくれる要員の男」のこと。

ひどい話だけど、とにかく絶対に女の子から「本命」とはみなされない。いや、そういう男には人権がない——とさえとれるようなことが書いてあった。

「これはヤバイ！」と、僕は思った。

身長は高くないし、いきたかったわけでもない高校だから、相変わらず勉強もがんばっていない。少なくとも身長と学歴の2つはもう絶望だ。

せめて、せめて収入を高くするしかないのか？……なんて悩みながらも、具体的に何をどうがんばったらいいのかはわからない。

「やっぱり俺はイケてないな……」

「大学にいっても、どうせモテないんだろうな……」

そんなことばかりモヤモヤと考えながら、高校時代も過ぎていく。

イケてない自分でスタートしたまま、いつまでたっても変化がないじゃん……と思うかもしれない。

実際、ここまではまだ何も前進していない。

話が展開するのは、この先だ。もうちょっとだけ待って欲しい。

THE GAME

KEY NOTE 01

この状況、当時は最悪だと思っていた。

そして、当時の僕のように思っている人がいるよね。

それどころか「俺もう60歳だよ。高校生ならやり直せるけど、もう無理だよ」と思う人もいるかもしれない。

今だって僕も「あれ？　その理想に進めない、実力がない」とへこむことが多々ある。

そんなときに「これはゲームだ」と視点を変えてみるんだ。

ゲームは何歳からだってはじめられるんだ。

今日がゲームスタートの日。

何も武器を持っていないし、経験値も0だけど、それってゲームで考えるとワクワクするよね。

ゲームを買ったばかりのときって、超絶ワクワクしているよね。

何も持っていないとしても、買ったばかりのゲームだと思ってみよう。

ワクワクしながら、ここから冒険の旅がはじまるんだ。

ハンデがあったほうが、むしろゲームは盛り上がる。

これは、買ったばかりのゲームなんだ。
寝ないでプレイしたくならないだろうか。
アイテムゼロがなんだって？　人生も一緒なんだ。
さぁ、プレイしよう！

あれ？　少し難しい？　攻略方法を少し知りたい。
うん、できるだけ伝えたいから、読み進めてね！

小学生のころ、ゲームがいき詰まると、同級生に聞きながら進めたじゃん。
教える方も、聞く方もワクワクしてたよね。その感覚を思い出してくれ。

自分よりハンデのある人に学ぶ

大学に入りたかったけど、なんとか短大の二部（夜学）に滑り込んだ僕は、レンタカー屋さんでバイトをしていた。

バイト先に、ものすごく女の子にモテる先輩がいた。とにかくトークがべらぼうにうまくて、すぐに女の子と仲よくなってしまう。

どのくらいすごいかというと、たとえばこんな感じ。

あるとき、仕事が終わって先輩と一緒にマクドナルドにいった。近くの席に女子高生が何人か座っている。

するとこの先輩は、女子高生たちのテーブルにあるポテトを、いきなりひょいと手をのばして食べちゃうんだ。

女子高生たちは「ギャー」とさわぐ。

それはそうだよね。なんてことをするんだ！　と僕は驚いて見ている。

そこで先輩はあわてずさわがず、「あれ、どうした？」みたいな顔をして彼女たちの会話に入っていって、たちまち仲よくなってしまう。

ものすごいスキルだ。とても僕には真似できそうもない。

テクニックはもちろんすごいんだけど、僕が特別、この先輩に注目したのには、もうひとつ理由があった。

それは、「自分よりハンデのある人」だったことだ。

この先輩は、僕より背が低かった。

高校を卒業して、そのレンタカー屋さんで働いていたから、短大に進学した僕より学歴も低い。

レンタカー屋さんの給料はかなり安かった(ちなみにバイトの僕は時給700円だった)。ホットドッグ・プレス的にいうと、とても決して高い部類とはいえないだろう。だから、高収入も×。

でも、モテる。

トークがうまいから、めちゃくちゃにモテる。

これは、衝撃だった。

イケてない僕は、こんなふうに考えていた。

「背が低い」、「学歴が低い」、「収入が低い」、だからそんな自分はモテるわけがない、と。

ハンデがあるからモテないんだ、と。

ところがここに、僕以上のハンデがあってもモテている人がいる!

衝撃だよね。ちょっと大げさな表現になってしまうけれど、闇の中にひとすじの光がさしたような気分。

僕は、この先輩にトークのテクニックを教わりはじめた。

もちろん、それでいきなりモテモテになれるわけではない。

レンタカー屋さんで働いていた学生時代。

けれども、何事も練習すればうまくなるもので、ちょっとずつ女の子と会話できるようにはなっていく。モテるようにはならないまでも、少なくとも女の子との会話を楽しめるようにはなっていった。大きな前進だ。

けれども、トークのテクニック以上に大きな進歩は、新しい考え方を身につけられたこと。

こういうハンデがあるからモテない。
こういうハンデがあるから仕事で成功できない。
こういうハンデがあるから、いつまでたっても自信がない。
こういうハンデがある限り、自分の夢はかなわない。
そんな発想を、人は当たり前にしてしまう。

たとえば、「大富豪になりたい」という夢があったとする。
でも、「俺はしがないサラリーマンの家に生まれたから、無理だ」とか。

でも、ちょっと周囲を見まわせば、自分以上のハンデを持っているのに、自分と同じ夢をかなえている人はいる。
貧乏な家に生まれても大富豪になった人はいるし、「三低」でもモテる人はいる。

そういう人に学べば、ハンデを乗り越える（乗り越えるんじゃなくてかわす、でもいいし、無効化する、でもいい）方法を身につけられる。
僕は、そのことに気づいたんだ。

人生というロールプレイングゲームには、たくさんの攻略法がある。
アイテムもたくさんある。
うまくいかない人って、少ない選択肢にとらわれている。

少し冒険に出て、まわりを見渡してみよう。
人はいろんなアイテムを活用して生きている。
ちょっと借りて、自分の人生にとり入れてみよう。
人生はカンニングし放題。どんどんとり入れてしまおう。

めちゃくちゃな先輩がオーストラリアで変貌をとげる

「三高」みたいな、いわゆるスペックの話だけじゃなく、僕は自分の人間性にも自信がなかった。「俺って人間としての魅力ないよな」と。

ずっとイケてない人間として過ごしてきて、コンプレックスが強い。

で、女子にキャーキャーいわれるタイプ——サッカー部のエースとかね——を見ると、「死ねばいい」とか思ったり。

些細なことでも怒るし、キレる。弱いくせに。いや、弱いからこそ、自信がないからこそすぐ怒るんだろう。まあ、とにかく人間的魅力がない。

すごくできるけど嫌なやつ、というのもいるけど、僕はできない上に嫌なやつだった。

そんな僕から見ても、「この人は俺以上にめちゃくちゃだな」という先輩が、バイト先のレンタカー屋さんにはいた。

些細なことで怒る、キレるのは僕と同じ。

さらに、何かというと後輩に無茶振りをする。深夜に車を回収にいく仕事があったりすると、僕に押しつけて自分は酒を飲んで寝ているとか。

もっとひどいことに、コイツは底意地が悪かった。僕はずいぶんコイツの被害にあったものだ。

無茶振りはいろいろありすぎて、ここに書けないことが多すぎるけど。書ける範囲で例を挙げると……僕がバイト代を貯めてやっと買った中古車を、色つきのテープでグルグル巻きにして「プレゼント仕様」にしたり。飲み会で潰れた僕の顔に油性ペンで落書きをして、翌朝そのままバイトで接客させられたり。一緒に旅行にいったときなんか、僕はしこたま飲まされ、なぜか廊下に敷いてある布団に眠らされた。朝起きたら、なぜか他の宿泊客が怪訝そうな顔で僕を見ながら通っていた。枕元に濡れたティッシュとエロ本が置かれていたからだ。

まあ、とにかくめちゃくちゃだったんだ（昭和のノリが残る平成初期だったので、僕も笑って許していたし、同じくらいイタズラをやり返していたけど）。

ところが、この先輩があるときからガラッと変わってしまった。

きっかけは、長い休みをとってオーストラリアをバイクでまわってきたこと。

帰ってきた先輩は、小さいことにこだわらなくなり、そればかりかすっかり思いやりのある人になってしまっていた。すごくいい人になっていたんだ。

で、先輩は、仕事中に遠い目をしてオーストラリアの思い出を語るんだ。

「バイクから降りて見渡すと、３６０度地平線で、さえぎるものが何もないんだよ。

ただ風の音だけがしている。

風がやむと、何も音がしないんだ。

日本にいたら、絶対に味わえない世界だよ」

この話を聞いた瞬間、ブワッと鳥肌が立った。

「自分もオーストラリアにいこう」と僕が決めたのは、この瞬間だったと思う。
そのくらい、先輩の語るオーストラリアのイメージは鮮烈だった。

オーストラリアにいこうと思ったもうひとつの理由は、ちょっと前に身につけた「自分よりハンデのある人に学ぶ」技が発動したせいもある。

あの自分よりめちゃくちゃだった先輩でも、悔しいけど僕よりずっと魅力的な人間に変わった。すごくかっこいいと思えたんだ。

男はかっこいいと思ったらマッハで学ぶ性質を持っている。だったら、そのやり方を学んで、真似すればいい。自分もオーストラリアにいってみればいいじゃないか、というわけだ。

僕には考えがあった。

オーストラリアを、自転車で一周できないだろうか。

自転車で長距離を走った経験はあった。18歳のときに、東京から秋田まで550キロを、自転車で旅したんだ。

秋田には母方のおばあちゃんが住んでいた。

「もう18だし、今度のお正月は遊びにいってもお年玉はもらえないかもなあ。そうだ、東京から秋田まで自転車をこいでいったらどうだろう。かわいい孫がはるばる東京から自転車でやってくるんだ。ばあちゃん、『すごい』っていっていっぱいお年玉をくれるかも」……という不純な動機だった。

もちろん、オーストラリア一周は東京・秋田間よりずっと大変だろうけど、なんとかなるんじゃないかと思えた（これが勘違いだったことをのちに思い知ることになるんだけど）。

僕は、人に誇れるものが欲しかった。

相変わらず自分が嫌いだったし、自信がなかった。「俺はイケてない」と思っていた。人に誇れるものが何もないから、自分を好きになれないんだと思っていた。だから、誇れるものが欲しい。オーストラリアにいったら、自転車で一周できたら、それが見つかるかもしれない。

「浅い考えだな」と思うでしょ？　その通り、浅いんだ。

先輩がいったのが四国だったら、「四国一周にいったら俺は変われる」と思っただろうし、先輩がギターをやっていたら、ギター教室に通ったと思う。そのくらい、浅い。

でも、人が行動するきっかけって、意外とこんなものだったりする。人真似だったり、しょぼい下心だったり、単なる偶然だったり。

大事なのは、その行動が何につながるか、なんだよね。

とにかくそれ以来、僕は「鳥肌が立ったらＧＯ！」と思うことにしたんだ。

自転車で東京から秋田のおばあちゃん家まで。

KEY NOTE 02

ゲームだとしたら、同じエリアに留まるだろうか?

ずっと同じ村をウロウロするだろうか?

そんな退屈なことはしないよね。村の外に出て、違う世界を体験したいと思うはずだ。村をウロウロするのは、外の世界にいくための情報を仕入れたり、アイテムを手にしたりするためだ。

そう、外の世界にいくことが前提になっているよね。人生も同じ。ゲームのように、一歩踏み出すことがすごく大事だし、ずっと面白いものにしてくれる。


すべては一歩から。


村から一歩出るだけで、世界は変わる。

村から一歩も出ずに、その村で過ごしていれば、安心で安全なのかもしれない。今のままで困っていないかもしれないけど、ゲームとして考えたら退屈じゃない?

浅くても小さくてもいいから、今の環境とは違う世界に飛び出してみよう。違う世界はいつだって刺激的で印象深い。


子どものころ、自転車を手にして、友達が「隣の町に釣りにいこう」と誘ったとき、すっごいワクワクした。歩いていけない場所に、自力でいけるなんて最高の気分だった。

はじめて免許をとったとき、スッゲー遠くまでいくことができて、とにかく気分が高揚した。

高校を卒業して、夜も自由に出歩けるようになったとき、深夜のコンビニの前で缶コーヒー片手に友達と語る時間に、無限の自由を感じた。


そんな小さな一歩を大事にしながら、その一歩を少しずつ大きくしていけばいいんだ。

気がつくと、心もフットワークが軽くなっていく。

自分のまわりで活躍している友達に「このお店素晴らしかったよ」といわれると、すぐに訪れて、その体験を語り合ったりする。「この本よかったよ」と聞けば、その場でamazonで検索して買う。そしてすぐに読んで、感想を伝え合うんだ。

違う世界を楽しみながら体験し、その体験をシェアし合う。

これは、子どものころに自転車に乗って隣町まで釣りにいったときのような、あの感動した連帯感を得られるんだ。

とにかく、うまくいっている人はフットワークが軽いし、何より子どものころに感動したような連帯感に包まれている。


もしも誰かが、自分が経験したことがないような世界を勧めてきたら、ちょっと乗ってみよう。

さぁ、一歩踏み出してみよう。

些細な一歩が人生を大きく変えることはあるんだ。

惚れた人から学ぶ

オーストラリアにいくと決めたのはいいけれど、大きなハードルがあった。

まずはお金。当たり前だけど、それなりの期間をかけてオーストラリアをまわろうと思ったら資金が必要だ。

これはバイトを増やしてなんとかするしかない。僕は、昼も夜も、ついでに朝も働くようになった。


もうひとつのハードルは、英語。

僕は英語が苦手だった。

高校のときの英語の偏差値は、38だった。

はっきりいうと、僕の英語力は中学2年生の1学期で止まっていた。英語の先生が大嫌いで、勉強をやめてしまったんだ。

トイレに誰かが派手に落書きしたことがあって、たまたまその前を通ったら、その英語の先生が「本田、お前だろ」と決めつけてきた。それで「もう英語は絶対に勉強しない」と決めてしまったんだよね。

というわけで、僕の英語は中学2年生の1学期レベル。

オーストラリアにいくためには、相当高いハードルであることがわかると思う。

どうしようかと思って、例の先輩に英語の問題はどうクリアしたのかと聞いてみた。彼も勉強ができるタイプじゃない。

「駅前の英会話スクールにいったんだよ」と先輩はこともなげにいう。

英会話スクールの月謝はけっこう高い。でも、これで英語がしゃべれるようになるならと思い、僕は通ってみることにした。


日本人の先生で安心して通うことができたし、学校の授業では感じたことがない「英語って楽しい！」と思えるようになった。その先生が好きだというマイケル・ジャクソンを聴きながら、「英語でなんていっているんだろう？」と興味を持つこともできた。

それまでの僕は、英語を理解するなんて、犬や猫の言葉がわかるくらい不可能なことだと思っていたから、これはとても大きな前進だった。英語ができるようになるかも……と思いはじめた矢先、残念なことにその先生がやめてしまったんだ。


しかし、二番目に担当してくれた先生が、ドンピシャだった。

何がドンピシャかって、ドンピシャストライクで僕のタイプだった。超かわいい女の子だったんだ。

この先は予想がつくと思う。

僕は、めちゃくちゃ熱心に勉強するようになった。で、マッハのスピードで英会話の基礎をマスターしてしまった。

このときに学んだのは、英会話だけじゃない。「惚れた人からは学びが早い」ということに僕は気づいた。

惚れた、というのは恋愛に限らず、人間的に惚れた、というのも含む。

中学のときも、僕に濡れ衣を着せた先生が教える英語はボロボロだったけど、数学はめちゃくちゃに勉強した。例の、ビル・ゲイツを教えてくれた先生を尊敬していたから。

人は、惚れた人からだとスムーズに学ぶことができるんだなあ——ということが身にしみてわかったんだ。

そこから一歩進んで、こんなことも考えた。

将来、僕がもしも人に何かを教える立場になったとしたら、何をどうやって教えるか、ということ以前に、「どうやったら教える相手に惚れてもらえるか」を考えなきゃいけないだろうな、と。

そう気づけたことが、今現在、セミナーなどで人に教える仕事にまでつながっていると思う。

THE GAME

KEY NOTE 03

師匠やメンターを探そうとしたとき、何も「すごい人」や「有名な人」や「社会的立場のある人」に限定しなくていい。

それよりも、「ああ、この人好きだなー」とか「魅力的だなー」という感覚を大切にしたほうがいい。

よく「メンターが見つかりません」とか「学びたくなるようなすごい人に出会えません」という声を聞くけど、「すごい人限定」を解除すると、けっこう見つかるようになる。

「すごい人」とか「社会的に認められている人」は、他人目線でもあるのさ。

他人の目線だと、自分の心が動かないし、世間の評価に左右されてしまう。

「ああ、この人好きだなー」とか「魅力的だなー」という感覚は、自分目線だ。

自分目線で選ぶと、世間の評価にとらわれなくなる。

結果、自分に自信が持てるようになる。

「好き」という感覚は、学ぶことを楽しくさせる。

人は惚れた相手から学べることを、とても幸せと感じるのさ。

学んでいて楽しいと思ったら、そのメンターの何に惚れているのか？　を分析してみるといい。

もっともっと学ぶのが楽しくなると思うし、メンターの魅力がどんどん自分のものとなっていく。

もしも学んでいて苦しいと感じたら、もしかしたらメンター選びを「すごい人限定」でいっているからかもしれない。

そして「好き」という感覚でメンターに接すると、その力が伝わり「名コーチ」にしてくれる。

どんどん好循環が生まれるよね。

すると自分もどんどん魅力的になる。

気がついたら、こちらを惚れてくれる人が増えてくる。

いつのまにか名コーチとなっているだろう。

人に何かを教えたいと思ったら、世間的な評価を目指すより、惚れるメンターを見つけて、その魅力をどんどん自分のものとしていくといいと思うのさ。

人は惚れた人から学びたいと思うからね。

THE GAME

2

放浪の章

与え合うことが当たり前の文化

休む暇もなくバイトをして、英会話スクールにも通って、まだインターネットも普及していない時代に、ガイドブックを読んで情報を集めて……と準備してきたオーストラリア行き。

でも、旅立つ直前になるまで、迷いがなかったといえば嘘になる。

「本当に、チャリンコでオーストラリアなんかにいってていいのか、俺?」と突っ込んでくる自分も当然ながらいたんだよね。

僕は23歳になっていた。

高卒で働きはじめた友達にはもう部下がいたし、大学進学した友達はそれなりの企業に就職して働きはじめていた。

もちろんまわりには僕みたいなフリーターもたくさんいたけど、そいつらにはみんなかっこいい夢があった。「ニューヨークへいってドラマーになるんだ」とか「役者を目指してる」とか。

僕にはそういう「目指しているもの」もない。

そんな自分が、オーストラリアにいっている場合か?

オーストラリアを自転車で一周したところで、履歴書には書けないぞ?

でも、だからこそいくしかない、とも思えた。

自分には何もないから、何かを手に入れるためにオーストラリアへいこう。そう考えて、僕はオーストラリアに渡った。1996年のことだった。

オーストラリアの西の端にあるパース空港に着いた。安いホテルがなかったので初日から空港のロビーで自転車を組み立て、寝袋を広げて寝た。

翌朝、自転車に満載の荷物を積んで20キロ先にある安宿を目指した。

「あれ？　重たすぎて自転車が真っ直ぐ進まない。フラフラする。本当にオーストラリアを一周できるのか？」

今だから話せるけど、出だしから泣きたくなった。

実は荷物をこんなに積んで走ったことがなかった。出発ギリギリまでバイトに明け暮れ、最後の最後で不安になり、キャンプ道具や英語の辞書や参考書をしこたま買い込んだんだ。その重さはすべて自転車と心に重くのしかかった。

やっとの思いで、パースの市街地にある日本人旅行者の多い宿に到着。

2週間かけて準備をしたが、参考書とか辞書とか重たいものはすべて安宿に置いていった。

英会話の不安よりも荷物の重さの不安が大きかったんだ。

そんなへっぽこな気持ちを抱えたまま、いよいよ僕は、この大陸を一周するために、東に向けて自転車をこぎ出した。

オーストラリア・パース空港にて。

「バイクから降りて見渡すと、360度地平線で、さえぎるものが何もないんだよ。

ただ風の音だけがしている。

風がやむと、何も音がしないんだ。

日本にいたら、絶対に味わえない世界だよ」

先輩が夢見るように語っていたのを思い出す。そのオーストラリアを、いよいよ自分も走ることができる。

360度、地平線に囲まれて疾走する、最高の爽快感――。

……を期待していたんだけど、いきなり現実にぶちあたった。

走っていて、全然楽しくない（走りはじめて最初に撮った写真は、見事に笑顔はなく、肩を落として疲れ果てた表情をしていた）。

オーストラリアはハエがめちゃくちゃに多いんだ。しかも、日本のハエのように遠慮深くない。水分を吸うために、人間の目や口にがんがん寄ってくる。

自転車のスピードが時速20キロ以下だと、たかってくるハエを追い払えない。口や目から水分を吸われ放題だ。かといって、それ以上のスピードを出すと、今度はカナブンを小さくしたような虫が顔にビシバシあたって痛い。

要するに、速く走ってもゆっくり走っても不愉快きわまりない。

走りはじめて最初に撮った写真

目の前に果てしなく広がる花畑に出合っても、全然、楽しくないんだ。景色を楽しむどころじゃない。

その上、走行中にはカラスをひとまわり小さくしたようなマグパイという野鳥に襲撃されるし（ヘルメットをかぶっていたので助かった）、道端の看板を見ると「ここから1200キロは町がない。水を持っていないと危険」とさり気なく書いてあったりする。

LIMITED WATERの看板前で。

これがオーストラリアだった。

僕がさっそく、「もうやめたい」と思ったのはいうまでもない。

旅のスタートからずっと、「もうやめよう」「帰ろう」と思わなかった日はないくらいだ。

でも、オーストラリアを一周すると決めて出てきたのに、挫折して帰るのはかっこわるい。やめるためには、自分にいいわけできる「やめる理由」が必要だ。でも、そんなうまい理由はみつからない。だから旅を続けられたんだ。


もちろん、楽しいこととやうれしいこともあったけど、それ以上にとんでもなく過酷だった。

実際、自転車での旅をはじめてみると、とにかく水が手に入らない区間が多い。

そして、水が手に入らなければ、死ぬ。なぜなら灼熱の大地で、気温40度くらいになり、日陰がまったくなかったりするんだ。

どこで水が手に入るか、という情報は、命に関わる。

そこで助けられたのは、他の旅人たちがくれる水場をはじめとするサバイバルに役立つ情報だった。

オーストラリアには、僕のように長距離を放浪している旅人がたくさんいた。バイクに乗る人もいたし、車で旅する人もいたし、踏破しようとする猛者だっていた。

こういう旅人たちが、情報をお互いに教え合っていたんだ。

といっても、まだネットが普及していなかった時代のこと。

旅人たちは、各地の安宿にあるノートに、自分が手に入れた情報を残していく。

どこにガソリンスタンドがあるとか、あそこに水タンクがあるとか、だけど水にはボウフラがわいていて濾過しないと飲めないとか。

僕は宿のノートを開いては、これからいこうとしている土地の情報を自分の手帳に書きつけた。同時に、自分が通ってきた土地の情報をノートに書き込んでおく。そうすれば、反対方向からきた人の役に立つかもしれない。

誰もがこうやって、当たり前のように情報を与え合って、助け合っていた。次第にそれが当たり前に感じられるようになっていったんだ。

安宿のオーナーと一緒に。

旅人だけではなく、地元の人たちもみんな親切だった。

オーストラリア人は、もともと開拓民のルーツを持っている。身ひとつで砂漠だらけの土地にやってきて、助け合わないと、死ぬ。だからみんな、出会った人を助けるのは当たり前だと思っている。別に見返りも求めていない。

旅の間は、テントで寝ることも多かった。

日が暮れそうになって、たまたま見つけた農家のドアをノックして、「そこにテント張っていい？」と聞くと、たいていは「うちで何か食え」と誘われる。それも、「冷蔵庫を開けて、好きなものを食っていいぞ」なんていう。

ありがたくて、こっちも「うわ、これ食ったらブラジルまで走れるよ」なんていうと、すごく喜んで「あれも食え、これも食え」ともっともてなしてくれる。

その家に子どもがいると、「明日、学校にいったら自慢するんだぞ。日本人が自転車乗ってやってきて、泊まっていったってな」と話していたりする。

そこまでいわれると、なんだか〝束の間のスーパーヒーロー気分〟だ。実際は、ただの居候なんだけれど。

ほかにも、何かごちそうになったり、家に泊めてもらったりしたことは数え切れない。

宿で知り合ったライダーは、逆に地元の人を手助けした話を聞かせてくれた。

砂漠でスタックしているオーストラリア人がいたから、ロープで牽引して、半日かけて、クラッチをすり減らしながらガソリンスタンドまで連れていったのだという。

「で、そいつが泣きながら喜ぶんだけど、お礼が缶コーラ1本なんだよ」と笑いながら話してくれた。

そう、誰も見返りなんか期待していない。助け合うのが当たり前だから。それがオーストラリア流。

この助け合いの精神を、「マイトシップ」という。

英語で書くとmateship。僕らの習った英語だとメイトシップと読むけれど、オーストラリアでは「マイト」となまる。

しばらくあとに、インターネットの時代になると、「シェア」という言葉が広まった。情報でもなんでも、気前よく分け合って助け合おう、みたいな話だ。

僕は幸いなことに、それよりもはるか前に、オーストラリアで「マイトシップ」と出会うことができた。

そして、教え合うこと、わかち合うこと、助け合うこと、情報だろうがお金だろうがモノだろうがどんどんシェアしてしまえ、という姿勢を身につけることができた。

今でも「晃一さんって、当たり前のようにシェアしますよね」と感心されることが多いのは、この体験がもとになっているんだ。

出会った旅人たちと。サックスを運びながら旅をしていた。

KEY NOTE 04

沖縄出身の友達が、こんな話をしてくれたことがある。

「同僚が、昼休みにひとりでたこ焼きを食べてたんだよ。……俺、嫌われてるのかな？」

え、どういうこと？　と一瞬思ったけど、友達の地元では「たこ焼きを食べるときは、みんなに1個ずつあげる」のが当たり前なんだって。


沖縄でも、オーストラリアの砂漠でもそうだけど、自然に近いところで暮らしている人たちにとっては、

「人にあげられるものがあったら、どんどんあげちゃう」

「何かをもらえるときは、遠慮なく、笑顔で受けとる」

が普通だったりするんだよね。


それはきっと、いい意味で原始的っていうのかな。人間の本来の姿に近い価値観なんだろう。

そして、そんな生き方のほうが豊かな気がするのは僕だけではないと思うんだ。


でも、無理して気前のいい人になろうとしなくていいからね。

まずは、

「何かをもらってうれしかったこと」

を思い出してみて。

そのときどれだけうれしかったか、を思い出してみるのさ。

そうしたら、次は
「何かをあげてうれしかったこと」
も思い出してみよう。ついでに、あげることで味わったうれしさも思い出してみよう。

こうして思い出してみると、幸せな感情がありありと蘇るはず。
その感情を忘れないようにしよう。
そして、日々の生活の中で、同じ気分になれるように、誰かに何かを与えてみよう。
くれぐれも、無理はしちゃダメだよ。自分に余裕があるときに、あげて楽しいものをあげるんだ。

そして、人から何かを与えられたときは、その幸せをじっくり味わって、最高にうれしそうな顔と態度で受けとろう。

ミスター59に教わったこと

もともと「イケてない自分」からスタートした僕。

その後、ちょっとずつ変わりはじめてはいたけれど、まだ「すごいこと」や「誇らしいこと」は何もやっていない。

相変わらず、コンプレックスだらけだった。

全然すごくない自分が、嫌いだった。

何か誇らしいこと、人から「すごい！」っていわれるようなことをひとつでもできれば、自分のことを好きになれる。

そんな思いで、僕がオーストラリアを自転車で一周しようと決意したことは、前に書いた。

実際、旅をはじめてみると、虫や鳥には襲われるし、しんどいし、毎日「もうやめよう」と思うくらいだったけれど、それでも自分は「すごいこと」に挑戦しているという手応えはあった。

もちろん、先輩がいっていた通り、３６０度さえぎるものが何もない広大な大地で、地平線まで続く道を自分の脚でペダルをこいで進んでいく気分はなんともいえなかった。ハエの攻撃にはじきに慣れたし（慣れたというか、あきらめたって感じだ）。

これだけで、ちょっと「俺ってすごい！」と思える。

いく先々で会った人たちは、僕が自転車で旅していると聞くと、「You are crazy!」と目を丸くした。もちろん、最高の褒め言葉だ。で、例によってビールや食事をごちそうしてくれる。人が自分を認めてくれている、というのがとてもうれしかった。「You are crazy!」と感嘆されるたびに、ちょっとずつ自分を好きになれるような気がした。

今思えば、自分で自分を認められない（だから当然、好きになんてなれない）のを、他人に認めてもらうことで自尊心を補おうとしていたんだと思う。


だけど、やっぱりオーストラリアは半端じゃなかった。

旅をはじめて55日、僕はオーストラリアの東端にある都市、シドニーに到着した。西端のパースから、東端のシドニーまで5500キロ。東京・秋田間の10倍。

ここまでで、オーストラリアの横断には成功したことになる。

一周という目標からすると、まだ半周にも達していないけれど、とりあえずひと区切りはついた。僕はここで、ちょっと「休暇」を入れることにした。

シドニーから、タイ、ラオス、ベトナム、カンボジアをバックパックでまわる旅に出ることにしたんだ。

当時、東南アジアの国々にはアンダーグラウンドな怪しい世界がいっぱいあって、女の子やらドラッグやらを求めて旅するバックパッカーがいっぱいいた（僕はどっちもこわくて手を出さなかったけど……）。だから、危ないことはないとはいわないけれど、自転車で果てしない道を走り続ける旅と比べたら、「ちょうどいい刺激」でしかない。ただただ楽しい旅だった。

ところが、カンボジアで、僕はひどい下痢に襲われてしまった。

なんとかシドニーへ戻ったときにはガリガリに痩せていて、しかもずっと熱が引かない。頭は常にぼんやりしている、というひどい有様だった。とても自転車での旅を再開できるような状態じゃない。

仕方がないので、旅行者が集まる安宿で寝込んでいると、中国人の女の子と知り合いになった。その子が、「私は気で病気を治せる」というんだ。

そんなわけあるかよ、と思ったけれど、それから彼女は毎朝、脈をとってくれて、僕の身体に「気」を送り込んでくれた。

しばらくそうしているうちに、本当にすっかりよくなってしまったんだ。

カンボジア・アンコールワットをバックに。

身体が治ったから、自転車でのオーストラリア一周の旅を再開できるはずだった。

ところが僕は、宿で知り合った友達に「まだ調子が悪いんだ」なんていっていた。まだ身体が治っていないから、という理由で、車を買った。

パースからシドニーまで、一緒に旅してきた自転車をトランクに積み込むと、車で旅を再開した。

シドニーから北へ700キロほど走ると、オーストラリア最東端の岬、バイロンベイに着く。車だからあっという間だ。

僕は車をとめると、岬の突端と、その先に広がる海を眺めた。

なんだろう、この感動のなさは。

自転車でここにたどり着いたら、絶対あの岬のさきっちょ、最東端の中の最東端まで自転車を担いでいって、記念写真を撮ったよなあ。

なのに、あそこまでいってみる気も起きない……。

僕は、自分が挫折したことに気づいた。

やめる理由を見つけて、「自転車でオーストラリアを一周する」という目標をあきらめてしまったんだと、認めるしかなかった。

車で旅を続けながら、心の中は、「ああ、やっぱり俺はダメだった」という挫折感でいっぱいだった。

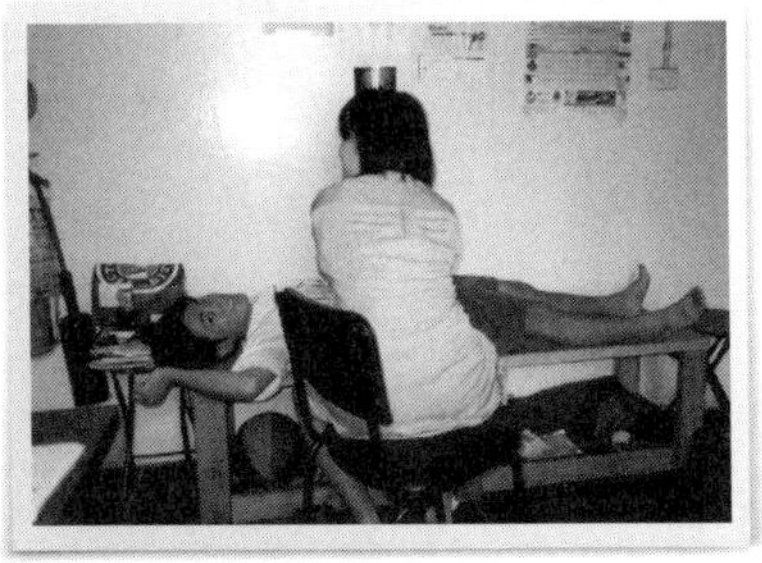
中国人の女の子に気で治してもらった。

そんなとき、ある町でバーに立ち寄った。

そこでは、地元の男たちが爆笑しながら酒を飲んでいた。気さくなオージーたちは、見慣れない日本人に声をかけて、仲間に入れてくれたので、一緒に飲みはじめた。

で、なんであんなに笑っていたのかと思ったら、どうやらみんなで「失敗自慢大会」をしていたらしい。

「一番面白い失敗談をしたやつがチャンピオンだ」という。

そのときに聞いたのが、「ミスター59」と呼ばれているカウボーイの失敗談だ。

カウボーイだから、牛を飼うのが仕事。

ある日、牛のお尻に焼き印を入れようとしたら、蹴っ飛ばされたひょうしに自分の太ももに「59」と焼き印を押してしまったという。

その焼き印を見せてもらったんだけど、これが……ギリギリ「59」と読めなくもないかな？くらいの微妙なやつでね。

その微妙さも含めて、とにかく間抜けなんだ。

みんな、ミスター59の話を大爆笑で聞いている。僕ももちろん、大笑いした。ミスター59自身も、みんなに笑ってもらえて満足げだ。

そのうち、「ジャパニーズ、お前は何かないのか」と振られた僕は、自然とこんな話をしていた。

「僕は自転車でオーストラリアを一周しようとしていたんだ。

知ってると思うけど、日本は小さな島国でね。

日本で生まれ育った僕は、オーストラリアも大きな島だと思っていたんだよ。

ところが横断してみたら、これは大陸だったとやっと気がついたんだよ」

みんながどっと笑った。

「仕方ないから、途中から車に変えたよ。あ、僕の名前はHONDAっていうんだけどね」

みんながさらに爆笑した。

「ちなみに車の燃料はこれ、ビールなんだ」

僕がビールをあおると、みんな腹を抱えて笑い転げた。


そのとき、僕は「受け入れられている」と心から感じていた。


僕はそれまで、「すごいこと」をやったら人が認めてくれるんだと思っていた。

「すごいこと」をやった「すごい人」だから、人に愛されるんだと思っていた。

だけど、ミスター59は全然すごい人じゃない。間抜けな失敗談が鉄板ネタの、普通のカウボーイだ。

でも、みんなに受け入れられている。

みんなに愛されている。

そして、バーで会った男たちは、初対面の日本人の情けない失敗談にも大笑いして、肩を組んで一緒に笑ってくれている。


人は、失敗談で愛されることもあるんだ。

僕はそのことに気づいた。

すごいことをやったから、すごい人だから、愛される人もいるだろう。

でも、失敗談で愛してくれる人もいるし、コンプレックスの部分を認めてくれる人もいる。

もしかしたら、「学歴が低い」とか、「背が低い」とか、「収入が低い」とか、「だから愛されない」とか、気にしてるのは俺だけなのかも……。そう思えたんだ。

失敗談を話せば、それだけで愛してくれる人もいる。

ミスター59は、そのことを僕に教えてくれた。

のちにこの話を、ベストセラー作家のひすいこたろうさんに話したら、

「人は長所で尊敬され、短所で愛される」

という言葉を教えてくれたんだ。

そうだね！　その言葉すごくいいね！　と手を叩いて感動したんだよね。

オーストラリアはどんな小さな街にもバー（Pub）がある。
大体こんな感じで酔っ払いと楽しく過ごせる。

KEY NOTE 05

小学生のころ、僕は転校が多かった。

転校生って、最初はヒーローになれる。珍しいから。

だけど1週間もすると、凡人になるんだよね。もう珍しくないから。

この経験のせいで、僕は、「何かしらスペシャルなことをしないと、人と親しくなれない」って錯覚しちゃったんだよな。

何かすごいことをやって、周囲の期待に応えて、みんなを盛り上げなきゃ、と。

このクセは大人になっても続いてね。

いつしか、「自分はどうして人と深く関われないんだろう？　どうして人と付き合うとき、背伸びしたり、かっこつけたり、自分を偽っちゃうんだろう？」というのが僕の悩みになった。


この悩みから抜け出せたきっかけは、小学校時代のある友達を思い出したこと。

すごく仲のよかった友達がいて、そいつの家ではいつもゴロゴロしながらコロコロコミックを読んで、友達のお母さんが作ってくれた焼きそばを食べて、カルピスを飲んで、まったり過ごしてたなー。

なんだ、背伸びしたり自分を偽ったりしなくても、人とつながれてたじゃん……と。

以来、そのときの体験を意図的に何度も何度も思い出して味わうようにした。

何もスペシャルなことができなくても、人とつながれた。

その心地よさを胸に秘めて、人と接してみる。すると、すごくピースフルに、フラットに人付き合いができるようになったのさ。

誰にでも、自分のままでいても大丈夫だった存在がいると思う。僕のように子どものころの友達かもしれない。親かもしれないし、おばあちゃんかもしれない。

その人とつながっている心地よさを思い出して、胸の中で温めてみよう。すると、誰とでも楽しく、フラットにコミュニケーションができるようになる。「すごい人」に会うときや、クレーム対応なんかにも応用可能だ。

どうしても、そういう相手が思いつかない人もいるだろう。そのときは、ミスター59を頭の中に登場させて欲しい。太ももにうっすら「59」の焼印がついている、オーストラリア人のカウボーイだ。

自分の失敗談、情けない体験、どうしても好きになれない欠点……なんかを、脳内のミスター59に話してみて欲しい。そして、おもいっきり笑い飛ばしてもらおう。

そのとき、少しでも心が楽になったら、その心地よさを大事に育てていけばいい。

人生の目的が見つかる

車旅で、同じ方向にいく旅人を車に乗せることを「リフト」という。旅仲間として、ガソリン代を折半したり、料理を一緒に作ったりするから、旅が一段と楽しくなるというわけだ。

シドニーの安宿では、イタリア人の女の子・グレースと出会って、リフトをしてケアンズまで一緒に旅をすることになった。

僕が乗っていた車はかなり古かったので、よくエンジンオイルが減っていた。町と町が離れているので、エンジンオイルがなくなりエンジンが焼きついてしまうと、大変な目に遭う。

イライラしながらエンジンオイルを継ぎ足すこともしばしばあって。するとグレースが、「コウイチ、スマイル！」といって、カメラを僕に向けて写真を撮った。

僕はちょっとカチンときてしまって、「この状況、大変なのわかるよね？」と語気を強めて詰め寄ると、彼女は、「この写真、あとで見たら笑い話になるわよ！」と屈託のない笑顔で答えたんだ。

続けてグレースはいった。

イタリア人の女の子・グレースと一緒に。

「私たちはこの地球に楽しむためにやってきたのよ！」

……たしかにそうだ……そうだった！

「なんてラテンな表現なんだ」と驚きながらも、ハッとした。それは、頭を殴られたかのような衝撃だったんだ。


その夜、手帳にこう記した。

「僕の人生の目的は、できるだけ笑う時間を長くすること」。

旅の目的は、自分探しだったりする。僕も典型的な自分探しくんだったわけだ。自分の人生、どう生きていったらいいのか？　社会のレールから外れて、モヤモヤと考えていたんだけど、この日、この瞬間に、どう生きていったらいいのかという「人生の目的」が見つかったんだ。


グレースとは、こんな話もした。

「なんでコウイチは、そんなにいい腕時計をしてるの？」

「日本の通勤電車では吊革バトルというのがあってね。電車内で、隣で吊革につかまっているサラリーマンよりいい時計をしてると、『勝った！』という優越感を得られるんだよ」

「え？　それが何になるの？　私なんてタイで買った1ドルの時計よ。そんな高い時計を買うくらいなら、働かないで旅をしたらいいじゃない！」

それまでは、「旅を終えて日本に帰ったら、生活のために働かなくちゃ」となんとなく考えてはブルーになっていたが、「楽しむため」にという考え方を知って、頭が沸騰するくらい興奮したのを今でも思い出すんだ。

エンジンオイルを継ぎ足しながらの車旅。

ジャングル走破に挑戦する

僕が今持っている船には、Cape York IIという名前がついている。

2台目の船だから、Cape York II。1台目はCape York。

船の名前をとったのは、オーストラリアの旅でもっとも思い出深い土地がケープヨークだからだ。

オーストラリアの東海岸を北上して、ケアンズに着いたとき、「もう一度、自転車に乗ってみよう」と思えたのは、なぜだったんだろうか。

オーストラリアは、上（北）にツノが2本飛び出したような形をしている。東側の長いツノの根本にあるのがケアンズ。

そして、ツノの突端にあるのがオーストラリアの最北端、ケープヨークだ。

ケアンズからケープヨークまでは、地図で見ると大した距離じゃないように見える。だけど、それは勘違い。オーストラリアは島じゃなくて大陸だ。

ケアンズからケープヨークまで、距離にして約1000キロ。

しかも、そのうち800キロは、未舗装路のジャングルだ。東京・北海道間の直線距離が未舗装路ということになる。

このジャングルを自転車で走って、最北端のケープヨークまでいってみよう、と僕は思ったんだ。

このルートは、ただ未舗装の道が多いというだけではなかった。何しろジャングルだからね。オーストラリアの道の中でもかなりコンディションが悪くて、四輪駆動の車、もしくはオフロードバイク推奨の超悪路。

途中、川を何箇所も渡らないといけない。もちろん、ジャングルに橋はない。

しかも、川には人を食うワニがいる。

「最近、人が食われたのは3年前だ」と地元のオージーが教えてくれた。

「自転車でいくなんて、狂ってる。次はお前が食われる番だな」と笑いながらいうんだ。

それを聞いて、「3年食われてないなら、俺も大丈夫だろう」と僕は自分にいい聞かせていた。

いつのまにか、自転車でケープヨークまでいくんだ、と気持ちは固まっていた。

オーストラリア一周に挫折した、というモヤモヤを抱えたままで日本に帰りたくなかったからだと思う。


未舗装路を走るために、自転車のタイヤはオフロード用に換えた。途中には小さな町しかなく、食料を買えるかどうかわからないので、2週間分を積み込んだ。

ありがたいのは、水には不自由しないことだ。川から汲めばいい。ただし、飲めるようにするために、フィルターを持っていく必要がある。

結局、荷物は65キロになった。荷物の重さと気持ちの重さが比例してしまう。なので、発想を転換して「女の子をふたり載せているようなもんだ」と思うことにした。

雨季が去り、水没した道がどうにか通れるようになるまで2ヶ月待って、僕は出発した。

まだ舗装されている道を走っているうちから、ペダルが重い。幅広で重いオフロードタイヤだからだ。

しかも、7ヶ月ぶりの自転車で、体力は落ちている。

そして今まで経験したことのない重量。

おまけに、スタートからしばらくは、標高500メートルまでゆるやかな登り坂だ。

この時点で、「本当に走破できるのか？」と不安になった。


何日か走って、いよいよ未舗装路に入ると、当たり前なんだけど、さらに強烈な洗礼が待っていた。

四輪駆動車が多く走る土の道は、タイヤの跡で洗濯板のようにデコボコになっている。道が続く限り、ずっとデコボコなんだ。

そこを自転車で走るとどうなるか。

ペダルが重くてこぐのが辛いのはいうまでもない。

そのうえ、ずっと内臓を揺さぶられ続けることになる。

たちまち胃の調子がおかしくなり、食欲がなくなった。たった30キロほど走っただけで、消耗しきってテントを張ることになる。ろくに食べられていないのに、消化不良で下痢をする。ガソリンスタ

未舗装路を走るために自転車を整備。

ンドで病院はないかと聞くと、「車で1時間いったところにある」という。つまり、自転車なら1日かかる距離だ。

そんな悪路を、時々ある下り坂の爽快感、強烈な追い風といったものに助けられながらなんとか前進していった。

悪路の振動と、部品の間に入り込む砂のせいで何度も自転車は故障した。道端に自転車をとめていると、車で通りかかったオージーたちはたいてい心配して声をかけてくれ、近くのガソリンスタンドまで乗せてくれた。整備をして、また進む。ありがたいけれど、あまり頻繁にヒッチハイクをしていると自転車で走破したとはいえなくなる。「これ以上ヒッチハイクはしたくない」と僕は思った。

最大の難所は、350キロのノーサービス区間だった。この区間には町もなければガソリンスタンドもない。生きるために必要なすべての物資を積み込んで進まなければいけない。

しかも、その間に、川が何本もある。そう、例のワニがいる川だ。橋のない川をどうやって渡るか。自転車をかついで、浅瀬を歩いて渡るしかない。

65キロの荷物と自転車を一度に担ぐのは無理だから、何度か往復する必要がある。

凸凹の未舗装路をひたすら走る。

問題は、往復回数が増えるほどワニにとってのチャンスは増えることだ……。重い自転車を担いで、死にそうになりながら川を渡っている僕の横を、四輪駆動車がスイスイと渡っていく。

こういう川を、10回くらい越えていかなければいけないんだ。

大変なのは川だけじゃない。道を倒木が塞いでいたり、地割れに落ちたり。地面がふかふかの砂になって、1時間かけてようやく3キロしか進めないこともある。

脚を蚊に食われ、しばらくして見ると、その傷口をハエがなめにきている……。

毎朝目をさますたびに、「今日は一体何キロ進めるんだろう」と考えると、絶望的な気持ちになった。肉体的にも精神的にも、どんどん追い詰められていく。

空を見上げると飛行機が飛んでいく。「ああ、早くあれに乗って帰りたい」と思う。

もちろん、引き返そうと思った回数は数え切れない。ここまできた道を引き返すのはしんどすぎるから引き返さなかったようなもんだ。ケープヨークにたどり着けば飛行機で帰れる。だから仕方なく前進する、というのが本音だった。

ノーサービス区間を走破して、ようやくバマガという町にたどり着き、キャンプ場にいくと、そこには道中、四輪駆動車で僕を追い

荷物と自転車を順番に担いで渡る。

越していった旅行者たちがたくさんいた。

「お前、あの道を、本当に自転車でここまできたのか？」

僕はスーパーヒーローだった。みんなが称賛し、ビールをごちそうしてくれて、記念撮影まで求められた。


ここまでくると、目的地はもう目の前だ。

残り4キロというところでタイヤがパンクするというトラブルはあったけれど（さすがに自転車も限界だったんだろう）、僕はバマガで合流した友達とともに、ケープヨークの突端に到着した。

もちろん、岬の一番先端にあたる岩場まで自転車を担いでいって、友達と一緒にしっかり記念写真を撮った。

さすがにこのときは、「俺ってかっこよ過ぎ！」と思った。

みんなに「すごい！」といわれて、自分でも「俺ってかっこいい」と思えた。最高の気分で、ケアンズへ戻ることができた。


しばらくすると、また自転車で走りたくなって、今度はオーストラリアの南西にあるカルグーリーから、ちょうど真ん中あたりにあるクック駅まで862キロを走った。前はジャングルだったけど、

四駆車で僕を追い越していった旅行者たちと記念撮影。

今度は砂漠だ。途中には町もガソリンスタンドもない。

ケープヨークへ向かうジャングルの道は、たしかに過酷だったけれど、たくさんの旅行者に会った。会うたびにヒーロー扱いされて、助けてもらった。人から応援されると、パワーがみなぎって来る。

それはすごくいいことだけれど、ちょっと生っちょろい気もした。だから、今度は誰にも会わない砂漠を走りたかったんだ。誰かに認められるためにやるんじゃなくて、自分で自分を認めるために走りたかったんだ。

砂漠の旅が終わるころ、僕はようやく、「これで自分も大丈夫だ」と思うことができた。


ジャングルと砂漠を走破して、自分の限界の先を見た。

そこで僕は、自信を手に入れることができたんだ。


……とかっこよくこの話を締めたかったんだけど。

目的地であるクック駅の手前で、この世とは思えないような雷に遭ってね。耳をつんざくような大きな雷鳴がそこらじゅうで鳴り響き、すぐそばに何発も雷が落ちて。「地平線で一番高いのは自分！いつ落ちてもおかしくない」と震え上がってしまったんだ。

避難できる建物を探して、思いつく限りの神様に祈って、「アー

ケープヨークの突端にて。「俺ってかっこよ過ぎ！」。

メン、なんまいだー、アラーアラー！」と叫びながら、雨でぬかるんだ砂漠の道を、何度も転びながら走りまわった。

ぐちゃぐちゃボロボロの状態で、なんとかクック駅にたどり着いて……というのが、実際のゴールシーンなんだ。

オーストラリア中に聞こえるくらいの大きな声で、「ようこそここへ クッククック～♪」と歌う予定だったんだけど、駅員に頼んでもらった、温かいコーヒーを飲みながら涙したのを思い出すよ。

360度地平線の世界では、風がやむと本当に何も音がしなかった。
砂漠は不思議と夕方になると風が弱くなることが多かった。
沈む夕日を見ながら、何度も感動して鳥肌がたったのだ。

ぐちゃぐちゃボロボロの状態でジャングルと砂漠を走破。

KEY NOTE 06

自信を持てない。自分には何もないと感じる。
何もない自分でもいい、と認められるならOK。それはそれで素晴らしいことだ。

でも、それじゃどうしてもモヤモヤがおさまらないなら、自分の限界の先を見にいってみよう。なんでもいいから、限界を越えられそうなことに挑戦するんだ。

①めちゃくちゃ他人に認められること、「すごい!」といわれることは、応援のエネルギーをもらえてパワーが出やすい。

②まったく認められないこと。誰にも気づかれないことは、自分で自分を認めることにつながりやすい。

どっちからチャレンジしてもいい。両方とも大事だから。

他人の評価ばっかりに左右されると、ぐらぐらする。
とはいえ、他人から認められるとアドレナリンも出るし、わかりやすいモチベーションになるよね。とりあえず、がんばれるのはこっちのほうだから、まずはこれをやりきっていい。

ただ、他人の評価だけだと、本当の意味での自信にはつながらない。だって、もっとすごい人が現れたら、称賛はそっちにうつっちゃうから。

たしかにジャングルを自転車で走るのは大変だったし、みんなに「すごい」といわれたけれど、もっとすごい超人みたいな冒険家はいくらでもいる。

だから、他人から認められるためにがんばったら、次は自分で自分を認めるために何かを成し遂げるのさ。

僕の場合は、とにかくここからここまで自転車で走る！　と自分と約束して、その約束を守ることだった。

親に対する見方が変わった

オーストラリア中のキャンプ場で寝泊まりしながら旅をしていると、素敵な老夫婦をたくさん見かけた。

オーストラリアでは、リタイアしたあと、家を売り飛ばしてキャンピングカーでキャンプ場からキャンプ場へと旅をしながら暮らしているお年寄りが多い。

そういうおじいちゃんとおばあちゃんの老夫婦は、本当に楽しそうで、仲がいい。

まるで、昔のチャーミーグリーンのCMみたいなんだ（といってもわからない年代の人は、動画を検索してみて欲しい）。幸せな夫婦、幸せな老後のお手本みたいだった。

高齢化が進んで、素敵な年の重ね方をしている人が注目されている今とは違って、当時の日本では、まだ年をとることにはネガティブなイメージしかなかった。

だから、オーストラリアでたくさん目にした幸せそうな老夫婦の姿には驚かされたし、「俺もジジイになったら、絶対あれをやるぞ」なんて思ったものだった。

同時に、ちょっと考えたのは、「待てよ、俺の老後の前に、先に両親に幸せな老後を送らせてあげないと罪悪感があるだろうな」ということだ。

とはいえ、これまで親孝行なんて考えたこともないし、したこともない。

それ以前に、高校進学のときにけんかして以来、両親との関係はあまりうまくいっていなかった。

ちょうどそのころ、僕は長旅の途中で日本語に飢えはじめていた。

誰もいない、見渡す限りの砂漠を走っていくのはただでさえさみしい。

たまに人と会っても、会話をするのは英語。

さらに、超たまーーに、日本人に会ったときしか日本語を聞くことはできない。

日本語を聞きたい、という欲求はかなり強くなっていた。

今なら、スマホを使えば簡単だけれど、その時代だとはそうはいかない。

ただ、当時から短波ラジオというものはあった。

各国の国際放送を聴けるラジオで、当然、日本の局の放送も聴ける。

どんな砂漠の真ん中でも、日本語を耳にすることができるんだ。

ただ、短波ラジオを聴くには特別な受信機がいる。

ソニーから性能のいい短波ラジオが出ていたんだけれど、店で見るととんでもない値段がついている。どうやら、日本で買う値段の3倍くらいになっているらしい。

そこで、僕は母に手紙を書いた。

短波ラジオが欲しいんだけど、こっちで買うと3倍の値段だから、そっちで買って送って欲しいと。

母は、すぐに電気屋さんでラジオを買って送ってくれた。

とんでもなくデカい短波ラジオを。

イメージとしては大柄な黒人が肩にかついで聴いているようなやつ。

ありがたいにはありがたいのだが、「こんなのチャリに積めねえよ……」と僕はちょっと悪態をついた。

たまたまそのときは、宿で知り合った日本人が一緒にいた。彼は僕のラジオを見て、「日本から届いたの？　おふくろさんから？　いいなあ」とうらやましがった。

「短波ラジオで日本語を聴きたくてさ。でも、こんなでっかいラジオ、困っちゃうよ」

「いや、でも、うらやましいよ。

……俺は、おふくろを早くに亡くしちゃってるからさ」

そのとき、僕は「おふくろ、ゴメン」と思った。

送ってくれたラジオはたしかにデカすぎた。でも、そもそも僕には、「親にしてもらったことが自分の期待通りじゃないと、受け入れられない」ところがあった。

でも、「うらやましいよ」といわれて気づいたんだ。

親のしてくれたことが、自分の意図と違っていることもある。でも、親は愛情があってそれをしてくれているんだと。

高校進学のとき、反対されていきたい高校にいけなかったことも思い出した。

あのときは、「俺のことを愛してるんだったら、ちゃんと俺のことを理解して、応援してくれるはずだ」という不満があった。

でも、僕のやりたいことに反対したのも愛情だったんだな、親なりの応援だったんだな……と素直に思えたんだ。

僕はちょっとホームシックにかかってもいたんだと思う。なんだか目がうるんでしまったのを覚えている。

ラジオを聴きながら、「帰ったら親孝行したいな」と僕は思いはじめた。

実家の状況がそれどころじゃなくなっていると知ったのは、そのしばらくあとのことだった。

出国のときに見送りにきてくれた家族と友達。
一番右が父、右から三番目が母。

KEY NOTE 07

人は愛情の深さ＝理解の深さと誤解している。

「深く愛しているなら、深く理解してよ」って思ってしまう。

だから、親に対して、当たり前のように理解を要求してしまう。

「俺を愛しているなら、俺にベストフィットした愛情を提供して当然」

という態度で臨んでしまうのさ。


でも、愛情と理解って別物だよね。

たとえば、僕の6歳の娘はよく泣く。どうやら、自分の思い通りにならないから泣いているらしいことはわかる。けれども、具体的に何を欲しているのかは全然理解できない……なんてことはよくある。

じゃあ、僕は娘を愛していないのか？　というと、そんなことはない。


こういう子どもが、そのまま大人になってしまうと……愛情＝理解と思ってしまう人になる。

それを利用するのが、水商売の人たちの一部や、クライアントを依存させちゃうタイプのカウンセラー。

「本当はつらいんでしょ？　わかっていますよ」なんていって、「わかってくれるのはこの人だけだ」と思わせる。

こういうやり方は、理解の深さを利用しているけれど、愛情ではないよね。

愛情と理解とは別物。
そのことをまず確認しよう。

そうすると、「あれ、うちの親も不器用ながらに愛情表現していたんだな」と気づくこともある。
たとえば、「母親は『勉強しなさい』としかいわなかった。自分のやりたいことなんて全然気にかけてくれなかった」とムカついていたとする。でも、親は親なりに、「勉強をしないと、この子が将来困ることになるから」と心配してくれていたのかもしれない。

愛情表現は、必ずしも相手が望む形にはならない。
親の不器用な振る舞いを、ちゃんと「愛情だな」と翻訳できると人生が変わる。
両親と過ごした記憶を掘り返して、「あれ、もしかして愛情表現だったのかな?」と考えてみよう。

もちろん、世の中には本当の毒親もいるから、単なる暴力だったり、虐待だったり、愛情じゃないものを無理に愛情だったと思いこむことはないよ。

父の会社の危機

父の会社の経営状態がよくない、という話は、手紙でなんとなく知ってはいた。でも、当時はバブルが崩壊した後で、景気が悪いという話はありふれていたから、深刻に心配するようなことだとは思っていなかった。

「これは本当にヤバい」と思ったのは、帰国する2、3ヶ月前のことだっただろうか。母から、「好きなだけクレジットカードを使え」という連絡がきたんだ。僕はフリーターで、当時はクレジットカードは作れなかったから、父の家族カードを持っていた。それを、「もう破産することにしたから、好きなだけ使え」というんだ。

さすがに混乱した。というか、現実が受け入れられなかった。そんな大変な状況の中で、高価なラジオを送ってくれたり、困ったときには送金してくれたりしたのか、と思うと、急に申しわけない気持ちになった。

両親ははっきりしたことは伝えてこなかったけれど、このとき、すでに会社の借金は8億円までふくらんでいて、家もいつ差し押さえられるかわからない状態になっていたんだ。

現実を受け入れられないまま、「帰ってこい」ともいわれなかったから、しばらく僕はオーストラリアに滞在し続けた。すると今度は、「おばあちゃんが脳梗塞で倒れた。意識がない」という連絡がきた。

僕をかわいがってくれた、秋田のおばあちゃんだ。

今でもそうだけれど、僕のメンタル面の弱点は、見たくない現実から逃避してしまうところだ。破産の話も相当なショックだったけれど、さらにおばあちゃんの危篤までが重なって、僕は現実逃避モードに入ってしまった。

オーストラリアからすぐに東京へ飛んで、そこから秋田へ向かえばいいのだが、現実を受け入れられない僕は、なぜかいったん九州へいって、そこからヒッチハイクで秋田へ向かったのだった。

「おばあちゃんが亡くなった」という連絡を受けたのは、名古屋に着いたときのことだった。さすがに、そこからは電車に乗って東京へ、そして秋田へ向かった。葬式で、僕はおばあちゃんの顔を見ることができなかった。


こうして、僕の長いオーストラリアの旅はおばあちゃんの死をきっかけにして終わった。

僕は、父の会社を手伝うことになった。

会社には8億円の借金があって、家も差し押さえられそうになっている。なんとか経営を立て直さなくてはいけない。それ以前に、食っていかなくてはいけない。社員も7、8人いたし、パートも20人くらいいた。従業員のためにも、なんとか稼いで会社をまわしていく必要があった。

とはいえ、会社を手伝いはじめた僕にできることはあまりなかった。それまではフリーターで、社会人経験もない。この間までオーストラリアで自転車をこいでいたんだから。ゴルフ会員権を売る会社なのに、僕はゴルフのことを何も知らなかった。まさに絵に描いたような「社長のバカ息子」だ。

最初のうちは、自分でセールスをするなんてとても無理だから、ベテランの社員が受注してきた案件の、契約用の書類を届けるような「お使い」をするのが精一杯。それさえも持っていく書類を間違えて、出直すことになったりした。帰りが遅くなって電車がなくなり、金もないのにタクシーで帰るときの情けない気分。「俺はなんて役に立たないんだ」とへこんだ。

会社にいると、お客さんから問い合わせの電話がかかってくる。「○○ゴルフクラブに興味があるんだけど」と聞かれてもちんぷんかんぷんだ。全国に2000あるゴルフクラブの情報が載っている分厚い「ゴルフ場ガイド」を見ながら、知ったかぶりでなんとかごまかした。電話がかかってくるのは恐怖でしかなかった。

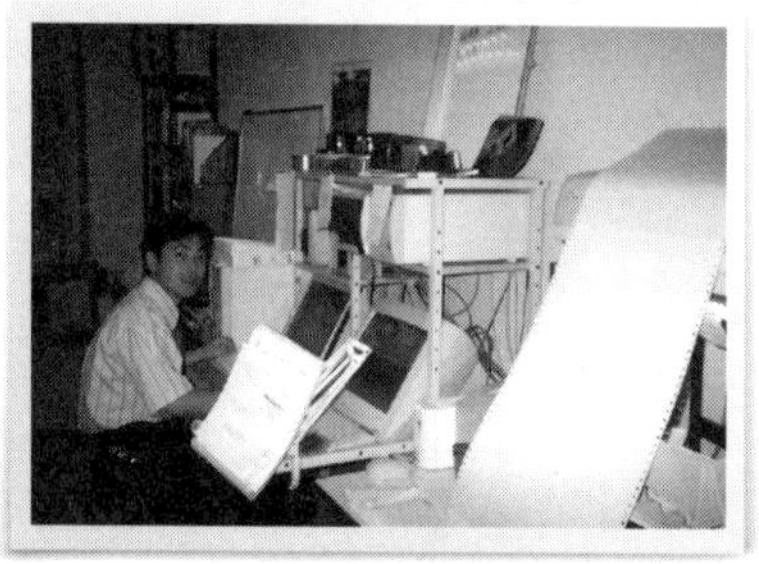

会社を手伝いはじめたころ。

神田駅前の一等地にあった会社は、家賃の節約のために東京の端へ引っ越さざるを得なかった。ゴルフ会員権の業界では、業者同士の取引もけっこうある。同業他社に商談にいくと、パーテーションの向こうで「ああ、あの会社ね。都落ちした……」なんてヒソヒソ声が聞こえてくる。「お前ら、今に見てろよ」と思ったけれど、実際そのときの僕には、会社を立て直す力があったわけではない。

でも、僕にはひとつだけあてがあった。

それは、インターネットだ。

オーストラリアでアデレードという町にいったとき、僕ははじめてインターネットカフェというものを目にした。そこでは、おしゃれな服をきた「最先端」という感じの人たちがネットを使っていた。

もちろん、旅人たちも、これから行く町の情報をどんどん手に入れていた。今までは宿のノートだったのが、インターネットで信じられないくらい便利に、新しい情報が手に入るようになっていた。

もともとコンピュータは好きだったけれど、その光景は衝撃的だった。僕のような、一部のオタクやマニアのものだったコンピュータとネットワークが、最先端のカルチャーとして受け入れられている。

「これは流行る。世界中で流行る」と僕は思った。

いよいよインターネットの時代になる、と。

僕の目論見は、会社のホームページを作って、ネットでゴルフ会員権を売れるようにすること。そうすれば、父の会社をなんとか立て直すことができるんじゃないかと思ったんだ。

それで、仕事の合間にホームページを作りはじめたんだけれど、社員は誰も理解してはくれなかった。それはそうだろう。ろくに仕事もできないやつが、何やら得体のしれないことに手を出しているのだから。「社長のバカ息子が余計なことをしている」くらいに思われていたんだと思う。

そんな中で、唯一理解してくれたのが、父の片腕だった岩本さんだった。

岩本さんは国立大を出て日産に勤めていたエリートだったのに、ゴルフ好きが高じて父の会社に転職してきたという人だった。

中学生のころ、会社に遊びにいった僕に岩本さんが昼食をごちそうしてくれたことがあった。午前中の営業で、お客さんにビールを飲まされた岩本さんはほろ酔いで、上機嫌だった。

「岩本さん、どうしてこんな小さい会社にきたの？」

焼き肉を食べながら何気なく聞くと、岩本さんはいった。

「ゴルフが好きだからだよ。こーちゃんのお父さんは、ゴルフをいっぱいやらせてくれるんだ。こーちゃんも大きくなったら、好きなことを仕事にするといいよ」

前にも書いたけれど、中学時代の僕は父とはあまりうまくいっていなかった。けれども、頭がよくて仕事ができて、尊敬できる岩本さんがそんなふうに父のことを語るので、ちょっとだけ父を見直した記憶がある。いや、そんな父を僕は心から誇らしく思ったんだ。

その岩本さんが、「まあ、好きなようにやらせたら」といってくれたから、僕はホームページを作り続けることができた。

左から、岩本さん、僕、父。

会社のホームページを作る

ゴルフ会員権を売れるサイトを作るといっても、ひとりでやるのはなかなか大変、いや、超大変だった。

そのために、3ヶ月会社に泊まり込むことになった。そういえば、作業量を想像してもらえるかもしれない。

とりあえずは、例の全国ゴルフ場ガイドに載っている2000件分のゴルフ場データを全部入力することにした。これができれば、お客さんからの問い合わせにわざわざ電話で答えなくていい。ガイドブックの説明文をそのまま使ったら著作権侵害になるから、自分でアレンジしながら入力していった（のちに、僕が苦心したこのデータは、同業他社のサイトにまるまるコピペされたのだが）。

昼間は営業をして、夜は会社に泊まり込んでホームページ作り。

年齢的に、友達が結婚したという話がちょくちょく耳に入ってきたけれど、僕はそれどころじゃなかった。まずは会社をなんとかしなければいけない。彼女を作るなんてそのあと。結婚なんていつのことになるか……という感じだった。

これからはネットの時代だ、これができればなんとかなる、そう信じてがんばるしかなかった。

がんばれたのは、目標となる手本と、ワクワクする体験を掛け合わせることができたからだ。

そのころ、テレビでは「海外の若者がネット事業で成功する」というストーリーが放送されていた。寝袋持参で会社に泊まり込み、仕事に没頭し、見事に成功を手に入れたというんだ。それを見た僕は、すぐに寝袋持参で会社に泊まり込み、キャンプ道具でカップラーメンを作ったり自炊をしたりした（当時の僕は実家住まいだったので、家なら母が作る美味しい手料理があるのに）。

オーストラリアを旅していたときを思い出して、ものすごくワクワクして情熱的になれたんだ。

今でも何かチャレンジしようとするとき、自分の制限を超えた目標を探したり、自分がワクワクした経験と重ねることができないか？　を考えて実行していたりする。

それが僕にとってはすごく効果的なんだ。

こうして、苦労して作ったホームページがとうとうオープンした。

が、お客さんはまったくこなかった。ほとんど何の反応もなかったんだ。

当時は、まだゴルフ会員権をネットで売買しようと考える人はほとんどいなかった。

それはもちろん承知の上で、だからこそ、いち早くネットに対応すれば有利だと考えたわけだけど、それにしても反応が薄かった。

同業他社でホームページを持っているところはいくつかあった。しかし、控えめにいっても、ものすごくダサいホームページでね。だけど、うちの会社よりははるかにアクセスが多かった。

当時は検索エンジンがまだ未熟で、Yahoo! の業種別のページに載っているかどうかがアクセス数を左右していたからだ。

あまりの反応の悪さに、僕は顔面蒼白になった。

なんとか、Yahoo! に掲載してもらおうと思ったんだけれど、Yahoo! にメールでお願いしてみても返事もない。まだＳＥＯなんて言葉もないころだ。

そんなある日、岩本さんが「腰が痛い」といい出し、病院にいった。大丈夫かなと思っていたら、がんだと診断されたという。

それから3ヶ月もしないうちに、岩本さんは亡くなった。

さすがにこのときは、「もう会社は終わった」と思った。うちの会社の顧客データ、たとえばどこに会員権を売りたいお客さんがいて、こっちには買いたいお客さんがいて……といったことは全部、岩本さんの頭の中に入っていた。彼の頭はスーパーコンピュータみたいに優れていたので、全社員が彼に依存していた。

会社にとって一番重要なそのデータは、パソコン上ではなくて、岩本さんの頭の中にまだあったんだ。

何より、ずっと父を慕ってくれた岩本さんを亡くしたことは、この上ないくらい悲しかった。悲しんでいられないのに、とにかく悲しかった。

当時作った会社のホームページ。

祖母を亡くし、岩本さんまで亡くした。それは、オーストラリアで浮かれていた僕を、一気に奈落の底まで突き落とすかのような出来事で、メンタルを平常に保つのが難しかった。

岩本さんの訃報を聞いた翌日、これからどうしたらいいんだろう……と途方にくれながらYahoo! を開いた。

そこに、うちの会社のホームページが掲載されていた。

なんでそのタイミングで掲載されたのかはわからなかったけれど、僕には天国の岩本さんが力を貸してくれたんじゃないかと思えるような出来事に感じたんだ。

うれしさと悲しさが混じりながら、岩本さんのお葬式でお礼をいっぱい伝えた。

そして、一気にアクセスが増えた。当時の Yahoo! では、掲載されると2週間は新着情報としてトップページに掲載されたから、なおさら効果はすごかった。見にきてもらえさえすれば、ホームページの出来はよかったから、売上につなげる自信はある。実際、そこからネット経由の売上がどんどん増えていった。

当時は、ホームページで注文が入ると、メールが携帯に届くようになっていたので、携帯が鳴って、注文のメールを確認する瞬間はうれしかった。

ホームページに載っている会員権の多くは100万円くらいのものだったけれど、一応は3000万円クラスの会員権も掲載していた。100万円の商品を売るためにこそ、3000万円の商品もラインナップしておかないといけない。

あるとき、夜中にきた注文メールを見たら、なんと3000万円の会員権の注文が入っていた。驚いて飛び起きて父を起こし、「すごくね?」と大さわぎした。すっかり目が冴えてしまって、すぐにメールを返信して、お客さんに驚かれた。


家族でお好み焼き屋さんで食事中にメールが入ることもあった。

「おっ、売れたよ」

「じゃあ、エビも注文しちゃおうか?」

「いいね、頼もう」

そこから、会社はすごいペースで立ち直っていった。

ホームページもいろいろ進化を遂げていき、かつて岩本さんの頭の中にあった情報はパソコンで管理されていった。そのおかげで、最もお得な物件の情報が、ホームページで瞬時に引き出せるようにできたんだ。

当時誰も思いついていなかった「ホームページが検索エンジンで一番上に表示される方法」も編み出して、東京の端にあったお店は、都心の一等地のような集客力を持つ店へと変化していった。

運をよくする方法は実在する

父の仕事を手伝うようになって、自分がずいぶん変わったことに改めて気づいた。

ゴルフの会員権を売る仕事だから、お客さんはみんな「成功者」だ。仕事ができて、大金持ちで。以前の僕なら、そういう人たちに会うだけでもイヤだったはずだ。自分のコンプレックスを刺激されるから。

まして、「成功者」に素直に話を聞くなんて、とてもできなかっただろう。みじめになってしまうから。

でも僕は、オーストラリアを旅する間に、情報を人とシェアし合うのが当たり前という文化になじんでいた。

ミスター59の一件以来、「イケてない自分」を受け入れられるようにもなっていた。

もちろん、何度も死にそうになりながら自転車で旅したことで、それなりに自信がついたということもある。

だから、仕事で会う成功者たちに、とても素直に接することができた。

どういうことかというと、「社長、実はうちの会社が大変なんですけど、どうやったらうまくいくんですか？」と聞きまくったんだ。

「どうやったらこんな高いもの（ゴルフ会員権）を買えるんですか？」と聞いたこともある。

自分はできていない、ということをオープンにすると、できる人はかわいがってくれる。そして、「こうしたらいいよ」と気前よく教えてくれる。

大金持ちのお客さんたちも、それなりにバブル崩壊では苦しんでいる。僕と同じように、会社の二代目・三代目という立場の人も多い。みんな、経営のコツをどんどん教えてくれた。

ホームページについても意見を聞いて、「ここを直したほうがいいよ」とアドバイスをもらうと、帰りの電車の中でパソコンをとり出して修正した。帰ったらすぐに電話して、「今ホームページを直しました。見てもらえますか?」という。するとアドバイスをしてくださった方は驚きながら、みんな喜んでくれるんだ。

いいなと思ったアドバイスはマッハで実行する。そしてすぐに報告とお礼をすると、相手はさらにいいアドバイスをしてくれる。いいメンターからいい教えを乞うには、これに尽きると思う。

うちの会社と天秤にかけて、結局他社で買ったお客さんには、「どうしてあちらさんを選んだんですか?」と頭を下げて教えてもらう。そこには至極のヒントが隠されているからだ。

こういう態度で接していると、社長さんたちはますます喜んで、いくらでも経営のコツを教えてくれた。

成功した社長さんたちだけではなく、自分より若い人たちからも聞き出した。

「ホームページが検索エンジンで一番上に表示される方法」は、アメリカの中学生から聞き出したんだ。

当時ICQっていう、今でいうLINEみたいなチャットツールがあった。缶ビール片手に酔っ払いながらチャットをしていると、アメリカの中学生とつながった。聞けば日本のポケモンカードに夢中だという。僕が日本人とわかると、とあるポケモンのキャラクターの名前で検索してみろという。

検索をかけると、なんと、その中学生の子が作ったホームページがトップに出てきた。彼は、アクセスが多く、いろいろなポケモン仲間ができたことを誇らしげに語ってきた。

「え？　これすごくね!?　どうやるの？」って聞いたら、日本でしか売っていないポケモンカードが欲しいといってくる。すぐに2000円分くらいのポケモンカードを買い、アメリカの郵便局留めで送ってあげると、「ドメインとタイトルのトップに数字の1をつけると検索結果でトップになるよ」と教えてくれたんだ。

このアイデアのお陰で、僕は最もアクセスが多くなる駅前の一等地みたいな場所を確保できたんだ。そのコストはわずか2000円。

年齢なんて関係なく、その分野を知り尽くした人から教えてもらうのは、とても大事なんだと実感した出来事だった。

僕が生き生きと働いている姿を見たからかわからないけれど、このころから父も独自のアイデアを出しまくり、大きく稼ぎはじめ、会社を立て直すことができた。

社内が活気に溢れた光景を思い返すと、今でも心が躍る。

このころに父とがむしゃらに働けたのは、人生の宝物だと思っている。

こうして会社を立て直すことができたのは、インターネットにいち早く対応できたせいばかりではなくて、成功している人に素直に話を聞けるようになったことが大きかった。

運がよかったんだ、といわれれば、その通りだと思う。

けれど、僕は運をよくする方法をオーストラリアで身につけたんだと思っている。

砂漠を旅していくバックパッカーたちの間では、情報はシェアし合うのが当たり前だった。水がなければ死んでしまう。自分も、何度も人がシェアしてくれた情報に助けられている。だから、自分もどんどん情報をシェアする。

ビジネスの世界なんかは特にそうだけれど、貴重な情報は人に教えたら損、という考え方をする人もいる。

僕はその逆に、情報はシェアするのが当たり前、と考えられるようになっていたんだ。

役に立つ情報をどんどんシェアする人のところには、もっともっと貴重な情報が集まってくる。役に立つ情報を発信している人には、たくさんの人が注目してくれる。その中には、いつか自分を高いところに引き上げてくれる「雲の上の人」もいるだろう。

どんどんシェアすることが、運をよくするための方法だったんだ。

だから僕は、本を書いたり、講演をしたりといったことを仕事にするようになった今でも、無料のコンテンツをどんどんバラまいてしまう。

「お金とったほうがいいよ」と忠告してくれる人もいるけれど、どんどん無料でシェアする。それが運をよくしてくれる方法だと知っているし、何よりビジネスで困っている人を見たら教えたくなってしまうからだ。

この人だって売上を上げて、家族でお好み焼き屋さんにいったら、高価なエビをトッピングしたいだろうなぁって思ったんだよね。

ちなみに父もシェアの達人で。僕が苦労して作ったホームページを、父と仲のよかった同業他社の人たちにも教えてあげろといっていたんだ。「さすがにライバル企業に教えるなんて！」と腹が立ったものだが、「どうせ真似されてしまうんだ。だったらお父さんの仲のよい同業者に教えてあげてくれ」といってね。

仕方なく教えたりしていたんだけど、実はこれもそうだったんだとあとから気がついた。父はどんなに危機が訪れても、いつも不思議なくらいたくさんの人から助けられていた。自分に余裕があるときに誰かを助けていると、自分が危機になったときに助けられることが多い。

南半球にまで出向いてシェアの精神を学んだけど……灯台下暗し。もっと素直に父から学んでおけばよかったね。

いい人にならなくていい

自分が手に入れた情報は、どんどんシェアしよう。それも無料で気前よくバラまこう。

……というと、「いい人になりましょう」といわれていると誤解する人もいるかもしれない。

聖人君子になれってことか、とかね。

そういうことじゃない、という話もしておこう。


僕がどんどんシェアするのは、下心があるからだ。

気前よくシェアすれば、それ以上のものがいずれ返ってくることを知っているからなんだ。

たとえば、街を歩いていると、急に知らない人に話しかけられることがある。

「いつもブログを読んでます。あの記事を読んで、本当に気持ちがラクになりました。ありがとうございます」なんて。人によっては、感謝してくれるだけじゃなく、泣き出すこともある。

こういうことがあると、「ああ、あのブログ書いてよかったな。たくさんの人に読んでもらえてよかったな」と心から思うわけだ。

ブログじゃなくて会員限定の有料コンテンツにしていたら、少しはお金が儲かったかもしれない。でも、無料でシェアしたからこそ、こんなうれしい体験ができた。はるかに大きなものが返ってきた。

もちろん、情報をシェアすることで、新しい仕事につながったり、ビジネスチャンスにつながったり、そういう意味での見返りがあったことも数え切れないくらいある。前にいったように、シェアすることは運をよくしてくれるから。

気前よくどんどんシェアできる人になるためには、今すぐの見返りは期待しないほうがいい。でも、いずれ大きなものが返ってくる、という下心は持っていていいんだ。

KEY NOTE 08

運がいい人ってさ、まわりの人の運をよくしているんだよね。

気前がよくて、いつもまわりに好意をバラまいている。

プレゼントをくれたり、貴重な情報を気前よく教えてくれたり。

そうやってバラまいた種から芽が出て花が咲いて実がなって、返ってくる。

それを見て、「あの人は運がいい」っていっているだけなんだよね。


……というと、無理しちゃう人がいるんだ。

「与えないと運がよくならないのか。じゃあ」って、ちょっと無理してでも人に与えようとする。

これはやめたほうがいい。大変だし、何より思った見返りがなかったときに不満になっちゃうから。

「あいつ、あんなに与えたのに……」って。こんな気持ちになっちゃったら、運がよくなるわけないよね。


だから、無理はしないこと。

余裕があるときに、できる範囲で与えること。

そして、与えるときにハッピーになれる与え方をすること。


美味しいレストランを見つけたら、友達に教えたくなるでしょ？

で、教えたらうれしいでしょ？
これが「ハッピーになれる与え方」ということなんだ。
昔、無料でコンサルをはじめたときもそう。
「こうやったらホームページで集客できるよ！」って教えたくて仕方なかった。
教えることがハッピーだったんだよね。
つまり、与えること自体がハッピーだと、もうその時点で報われているわけだ。
あとで「あんなに与えたのに……」なんて思う必要もなくなる。

運がよくなるためには、どんどん与えよう。
ただし、余裕があるときに、無理のない範囲で、ハッピーな気持ちを味わえるようにね。

THE GAME

3

暗闇の章

「成功者」たちはなぜさみしそうなんだろう

当時はまだ、ネットを使ってゴルフ会員権を売っている会社なんて数社しかなかったし、ほとんどは会社案内程度のホームページだった。

売上は面白いくらいにのびていった。社長である父も、天才的なアイデアで売上をのばす手法を思いつき、相乗効果でのびていった。

「これはヤバい」という状態になっていた父の会社は、本当になんとかなってしまった。

それどころか、ものすごい勢いで事業は成長していった。

すべてうまくいっている……と思った。

でも、実は解決したのはお金の問題だけだったんだ。

会社を立て直すのに必死で、それ以外のことを全部ほったらかしにしてきたことに、僕は気づきはじめた。

それは、相変わらず仕事でたくさんの「成功者」たちに会っているうちに生まれた迷いだった。

僕は男だから、どうしても人をスペックで見るところがある。

お客さんに会うと、この社長の会社は従業員が何人で、年商がどのくらいで、車は何に乗っていて……ということが気になる。

もちろん、みんなスペックでいえば申し分ない。全部ハイスペック。

こういう人になれれば正解、と一瞬は思えた。

でも、もう少しよく見てみるとわからなくなる。

この人は幸せなんだろうか？　という目で見ると、途端に正解だとは思えなくなるんだ。


当時、たくさんの「イケてる社長」に会った。

この手の社長には、ある種のパターンがあって。

まず、秘書がいっぱいいる。

会社に訪ねていくと、社長のところに案内されるまでに何人もの秘書に会うんだ。

そして、社長に近づくほどに、秘書が美人になっていく。笑っちゃうけど、本当にそう。

で、社長室に入ると、一枚板の立派なテーブルが置いてある。いくらするんだろう、と思うような立派なテーブルが。

一番強烈な例でいうと、ある社長さんの応接スペースには、G8の会議で使ったというテーブルが置いてあった。椅子を見ると、その時代の各国首脳の名前が書いてある。

僕は素直にすごいなと思って、「これ、全部座らせてもらっていいですか？」と8つの席に順番に座ったものだった。

G8の会議で使った椅子とテーブルなんて、いくらするのか想像もつかない。美人の秘書はいっぱいいるし、もちろん会社の業績は絶好調。

たしかに、社長はすごい人だ。

でも、その会社では2年後にクーデターが起こって、イケイケだった社長は追い出されてしまった。

会員権を手放す人にも、たくさん会った。

年齢や健康上の理由で手放す人が8割なんだけれど、残り2割はお金に行き詰まって手放す人だった。

田園調布の大豪邸に会員権の買いとりにいったときは、広い部屋の奥に段ボールが山積みになっていた。

ひと目で「あ、今夜、夜逃げするんだ」とわかった。

買いとり代金を指定された場所に持っていったら、街金（消費者金融）の店舗だったこともあった。

ちょっと前までは、G8テーブルの社長と同じように、最高のスペックを手にしていた人たちが、あっという間にそんなことになってしまう。

その一方で、夜になると、今度は会社が儲かってしょうがない、絶好調のお得意さんに誘われて銀座のクラブでごちそうしてもらう。

銀座の高級なお店で、きれいな女性に囲まれて飲んでいる社長は一見、とても楽しそうだった。

でも僕は次第に、そういう社長たちの目がなんだかさみしそうなことに気づくようになっていた。もちろんすべての人がさみしい目をしているわけではなかったけど、ふと見せるさみしげな表情をしている人に気をとられるようになっていった。

お金を稼いだからといって、会社を大きくしたからといって、幸せになれるとは限らない。父の会社を立て直すために、がんばってお金を稼いでいる最中に、僕はそのことに気づいてしまったんだ。

魅力的な人は、夫婦仲がいい

銀座のクラブでごちそうしてくれたある社長は、僕にこんなことをいった。

「本田くんな、結婚したらまずやるべきことがある。『いつ帰ってくる』なんてことは、奥さんに絶対いっちゃいけない。

自分がいつ帰ろうが、ちゃんとご飯は用意してある。でも、帰らなくても文句はいわない。そうなるように、最初が肝心だ」

バリバリ稼いでいる社長がそういうから、僕も最初は「そんなものかな」と思いかけた。

でも、銀座で遊んでいても、社長はなんだかさみしそうで、幸せそうに見えない。

しばらく付き合っていると、その社長の家では夫婦仲が冷え切ってしまっていることもだんだんわかってくる。

「幸せってなんだろうな」と考えたときに思い浮かんだのは、旅人時代に僕を快く迎え入れて、ごちそうしてくれたり泊めてくれたりしたオーストラリアの家族だった。どの家も、本当に夫婦仲がよくて、子どもも幸せそうだった。

意外と、奥さんを大切にするって、大事なことなのかも。僕はそう思った。

仕事で会う社長の中には、不思議な魅力がある人もいた。

たいてい、ゴルフ会員権の取引は社長室でやるものだ。社員に見られて、「あのバカ社長、のんきにゴルフかよ」と思われたくない……ってことなのかもしれない。

でも、あるとき訪ねていった会社には社長室がなかった。僕を笑顔で迎えてくれた社長さんに「あの、社長室はないんですか？」と聞いたら、「そこだよ」と社員の人たちが働いているオフィスのすみを指差した。

「新入社員の○○くんの隣が僕の席なんだよ。僕はね、この会社で一番古いから、一番汚れているの。だから、一番新しくて一番きれいな○○くんの隣で、心をきれいにしてもらってるんだ。まあ、1年もすれば彼も汚れてくるから、そしたらまた新入社員の隣にいくんだ」

そういって、社長はワハハと笑った。社員の人たちも、「また社長がバカなこといってる」という顔で笑っている。

社長が新入社員と席を並べるオフィスは、みんなが和気あいあいとして温かい雰囲気だった。

面白いことに、こういう「なんだかいいなあ」と思える社長さんというのは、だいたい奥さんを大切にしていて、夫婦仲もいい。という法則に気づいて、僕は確信を深めた。どの会社にいっても、社長さんをひと目見れば、なんとなく夫婦仲がわかるようになったくらいだ。

スペックでは測れない幸せを手に入れるには、夫婦仲は大事。家族は大事。

「家庭的」ってのはすごいことなんだな。まだ自分の結婚についてはリアルに考えられなかったけれど、そのことは覚えておこうと僕は思った。

未来の自分のサンプルに出会う

僕がとてもラッキーだったのは、仕事を通じて、人生の大先輩たちと数多く出会えたことだ。若い起業家や経営者は、どうしても同世代との付き合いが多い。別に、それがいけないというんじゃない。そうなるのが当然だと思う。年の近い起業家仲間で一緒にいるほうが刺激的だし、話も合うから。

でも、いつか自分も年をとっていく。年をとった自分がどうなるのか、少しでも知っておけたら、人生の選択肢はもっと豊かになる。

その点、ゴルフ会員権を売り買いしながら、ずっと年長の経営者たちとお付き合いできた僕は、とてもついていた。

自分の未来のサンプルを、たくさん見ることができたからだ（お客さんに対してサンプルという言葉は大変失礼だけど）。

ここまでもいくつか具体例を出したけれど、サンプルの中には、「こういう人になりたい」と思える人もいれば、「俺も下手するとこのお客さんみたいになっちゃうんだな……」と考えさせられる人もいた。

いいサンプルもいれば、やっちゃいけないことを教えてくれるサンプルもいた。いずれにしても、すごく勉強になった。幸せになるために大事なことを教えてくれる先輩たちだった。

ずっと年長の人と付き合うということは、自分の未来のサンプルに直接触れられるということなんだ。

KEY NOTE 09

成功している人って、輝いていてまぶしい。

たくさんの人に囲まれていて、みんなにちやほやされる。

つい、その輝きに目を奪われて「自分もあんなふうに」って思ってしまいがちだけど、一回冷静になって考えたほうがいい。

「本当に自分は、同じものを手に入れたいの?」って。


成功している人は幸せそうに見える。実際、幸せな成功者もいる。でも、成功と幸せは必ずしもリンクしていないんだよね。当たり前なんだけど、つい忘れちゃうんだ。


冷静になって考えよう、といったけれど、具体的に何をすればいいかというと、本当に自分の欲しい幸せって何であるかに気づくこと。

そのために、いろんな人を見て、いろんな幸せの形を知ること。成功者と呼ばれる人たちも、「いろんな幸せ」の実例のひとつだと思って見ればいいんだ。


居心地のいい家に住む幸せもある。

心の赴くままに旅を続ける幸せもある。

かっこいいスタイルを手に入れる幸せもある。

好きなだけパンケーキを食べる幸せもある。

競争に勝つ幸せも、いつもニコニコしている幸せもある……。


自分の欲しい幸せがわかったら、次はどうするか？

できるだけ早く、その目的をかなえてみよう。

間に合わせのやりかたでいいんだ。

たとえば、「眺めのいい部屋に住むことが私の幸せ」だったら、理想のタワーマンションを買うための長い努力を今からはじめる、じゃなくて、とっととビルの最上階の展望台にいっちゃう。

そこで、ベンチに座ってしばらくくつろいでみる。

「なんだ、タワマンに住まなくても、これで十分幸せじゃん」って思えるかもしれない。

「高いところって意外と快適じゃねーな……。自分が欲しかったのは、別の何かかも」って気づくかもしれない。

どっちにしても、自分が本当に求める幸せに確実に近づくことができるのさ。

神田昌典さんと出会う

話を、僕がインターネットでうまくいく前のころに戻そう。

神田昌典さんと出会ったのは、まだうちの会社が危ない状態だったころのことだ。

本屋さんで、神田さんの『あなたの会社が90日で儲かる！』という本を見つけた。

このときの神田さんは、まだ今のように有名になる前だった。神田さんが日本一有名な経営コンサルタントのひとりになるのはもう少しあとのこと。

当然、僕は神田さんのことなんて知らない。ただ、本のタイトルには惹かれた。こっちは90日どころか、「明日にでも儲けさせてくれよ！」と藁にもすがる思いだった。「30日くらいでなんとかしてくれないかな」と思いながら本をレジに持っていったのを覚えている。

この本を読んだのをきっかけに、僕は神田さんのセミナーに参加したり、勉強会に入ったりするようになった。

当時はまだ、ホームページからがんがん注文が入るようになる前だったから、僕は単なる仕事のできない若造でしかない。

勉強会に集まっているのは、ずっと年長の経営者ばかりだ。当然、全然相手にしてもらえない。隅っこで小さくなって話を聞いているしかなかった。

神田さんが当時教えていたのは、ネット時代以前の、チラシなどをうまく使うマーケティングの手法だった。

話を聞いていて、ふと気がついた。

「あれ？　ホームページって、お店にお客さんを連れてくるアイテムだから、チラシと同じじゃないか？」

当時は、インターネット黎明期。売れるホームページの作り方なんて、誰も教えてくれなかった。だけど、時代とともにツールが変わったとしても、物を売る本質は変わらない。折込チラシがFAX-DMに変わったり、ホームページに変わったり、メルマガ・ブログと変わっても、「何をどう表現したら、よく物が売れるのか？」は変わらないんだ。

この先時代が変わったとしても、この原理原則はわかっていたほうがいい。

だから、チラシのマーケティングは古いなどと思わずに、今の時代にも絶対使える！　と信じて学んでいったんだ。


前にも書いた通り、借金も返せたし、家を差し押さえられる心配がなくなったのは、この原理原則を学ばせてもらったからだ。

勉強会でそのことを報告したら、神田さんはすごく喜んでくれた。そして、びっくりするようなことを提案してきた。

「一緒にセミナーをやりましょう」というんだ。

当時はまだ、インターネットを使ったマーケティングを実践している人は少なかったし、それを教えられる人はもっと少なかった。

ありがたい申し出だったけど、正直、僕はちょっと迷ってしまった。

ネットマーケティングのノウハウが、同業他社に知られたらまずい……と思ったから。神田さんのセミナーに、ゴルフ会員権の会社の経営者が参加しないとも限らない。

なんでもシェアするのが幸運を呼び込むコツだって気づいていたはずなのに……人は、必死になると大事なことを忘れてしまうこともある。まあ、そんなもんだよね。


「会員さんたちにネットマーケティングの手法を教えてあげて欲しい」

そう神田さんにいわれて、改めて勉強会に参加している中小企業の社長さんたちを見まわしてみると、なんだか苦しそうで、必死で、勉強熱心だった。

それは考えてみれば当たり前で、僕と同じように、会社の経営が苦しくて、なんとかしなくてはと思って参加した人ばかりだからだ。

僕は、お好み焼き屋で注文メールが届いて、エビを追加で頼んだときのことを思い出した。

「このおじさんたちも、家族にエビを食わせたいだろうなあ」

そう思ったら、小さなことにこだわっているのがバカらしくなった。

僕は、神田さんの勉強会で、ネットマーケティングの「先生」を務めることになった。

神田さんは、セミナー講師として、どのような視点で話すといいのか？　どうやったら受講生の方々がリラックスして話を聞けるようになるのか？　効果的なワークとは何か？　といった「人気講師の秘伝」ともいえる情報を、惜しげもなく僕に教えてくれた。

今思うと、このときの経験が、人様に教えるという仕事をすることになったキッカケであり、ベースとなっているんだと思う。

おもいきって神田さんの提案を受けて本当によかった。

多くの意味で、神田さんには感謝だ。

そして神田さんが「本田さんは有望な若者で……」なんて紹介してくれたものだから、セミナーでは僕と名刺交換をしたがるおじさんたちの長蛇の列ができた。前は全然相手にされなかったのに、すごい変化だ。

中には「コンサルをお願いしたい」という社長さんもいた。

最初は、人に何かを教えることがお金になるという意識さえなくて、タダでコンサルティングを引き受けていたけれど、そのうちに「どうか報酬を受けとってくれ」という人も出てきたし、口コミでコンサル先はどんどん増えていった。

神田さんの勉強会で、セミナー講師を務めたとき。

相変わらず父の会社は好調だったし、いつのまにかネットマーケティングのコンサルタントにまでなっていたわけだ。

気がつけば、ほんの3年前までバックパッカーをしていたころの僕には想像もつかないようなお金を手に入れていた。

もう、会社が潰れる心配はしなくていい。

これで、密かに僕が目標にしていた「両親をリタイアさせること」が実現できる。

両親をリタイアさせたかった理由は、オーストラリア放浪時代にさかのぼる。

オーストラリアでは60代を過ぎるとリタイアし、老夫婦たちがキャンピングカーに乗って、あちこちを旅していたんだ。

「チャーミ〜グリーンを使うと〜手をつなぎたくな〜る〜♪」

あのチャーミーグリーンのCMのような、手をつないでいる仲よし老夫婦にたくさん出会った。

ああ、僕もおじいちゃんになったら、こんなことをしたいな。きっと幸せだろうな。

でも、自分の両親がリタイアライフを楽しむ経験をしていないと、将来罪悪感にやられるだろうな。そのためにも「お父さんもお母さんもリタイアをして旅をしてくるといいよ！」といいたかったんだ。

しかし借金があって、それどころではなかった。

やっと返済の目処が立って、「リタイアしなよ！」と声を大にしていえるようになったんだ。ホームページでお客さんがたくさんやってくる。もう、一生懸命営業しなくても、大丈夫なんだ。だから遊びなよ。僕がもっともっと、この仕組みを発展させるから……とさらにがんばったんだよね。

すると父は「晃一ががんばるなら、俺もがんばる」という感じで、さらにバリバリ仕事をするんだ。

もちろんお金にはなるんだけど、当初の「両親をリタイアさせたい」という現実から離れてしまう。

あ、そっか！　僕ががんばるから両親もがんばるんだ。僕がセミリタイアしたら、両親も休みはじめるんじゃないかな。

そう考えて、僕がセミリタイアすることを目的として、ホームページの管理運営を信頼できるスタッフに思い切って任せるようにした。

その作戦はうまくいった。

両親は、毎夏1ケ月以上、軽井沢で過ごすようになった。

完全なリタイアではないけど、オーストラリア人のように人生を謳歌しはじめた。

そして僕もセミリタイアをすると、現場にあまり口出しをしなくなったので、現場のスタッフがさらに成長し、僕の活躍の場がなくなった。

自由な時間を手に入れ、好きな自転車に乗ったり整備したり、前から欲しかったクルーザーまで買えてしまった(まあ、ネットオークションで中古車くらいの値段で買ったんだけど)。

僕が働かなくても、ネットを通じて勝手にお金が入ってくる仕組みもできた。

こうして僕は、夢のセミリタイア生活に突入したのだった。

ネットオークションで購入したクルーザーCape York号。

山に登ったままでいると、魂が腐る

お金の心配をしなくていいセミリタイア状態。

普通だったらうらやましいといわれる立場になって、僕は幸せだったかというと、そうじゃなかった。

なんだか、魂が腐っていくような気分を味わっていた。

つまらないんだ。

僕は、父の会社を立て直す、そのためにお金を稼ぐという目標のためにがんばっていた。その目標は達成できた。

つまり、山の頂上まで登ることができた。

目指していた山の頂上にたどり着いたときは、それはうれしい。

でも、しばらくそこにいると、だんだんつまらなくなってくる……というのはわかってもらえると思う。

つまらないなら山から下りればいい。そうしたら、また新しい山にチャレンジできる。その通りだ。でも、下りるのも気が進まない。だって、そこにいれば「お山の大将」でいられるから。

だから、つまらない、つまらないと思いながら、そこから動くこともできない。

そして、魂が腐っていく。

毎日少しずつ自分の魂が腐っていくのを感じながら生きているのは、全然幸せじゃなかった。

『行け！稲中卓球部』古谷実（講談社・ヤンマガKCスペシャル）10巻8Pより

このときの僕は、いわば、ゲームをクリアしてしまっているのに、ずっと惰性でやり続けているようなもので、刺激もなく、退屈な日々を過ごしている感覚だった。

そのころよく読んでいた漫画『行け！稲中卓球部』の井沢が、「オレなんて…終わったドラクエのレベル上げてたんだぞーーーー!!」と絶望していたんだけど、まさにそんな感じの毎日だったんだ。

今考えると、こういうことを感じているときは、もう新しいゲームに切り替えるタイミングなんだ。

しかし、当時の僕には、そんなことは思いつきもせず、ただただその場で足踏みを続けていた。

僕は20代も終盤にさしかかって、友達からは子どもが生まれたというニュースが次々と入ってきた。

でも、僕には彼女もいなかった。

もちろん、彼女は欲しいので、カップリングパーティにいったこともあった。

最初にいったのは、男は医師か弁護士、または年収○○○万円以上なら参加できるというパーティで、僕は納税証明を提出して参加した。

いってみて驚いたのは、参加している女の子がみんな上目遣いでにじり寄って来ること。ちなみにこのカップリングパーティは、男は資格さえ満たせばタダだけど、女の子たちは2万円だか3万円だかの参加費を払うというものだった。

逆に、男は1万円払えば誰でも参加できて、女の子は無料でケーキ食べ放題というパーティに参加したこともある。

今度は、女の子がまともにしゃべってくれないので驚いた。正直、「俺はこんなやつらに1万円払ったのか」と思った。

あんまり相手にされないのでさみしくなって、ついつい「僕は船を持っていてね」なんて聞かれてもいないのにしゃべっちゃう。そういう自分がダサすぎて、へこんだりして。

お金を持っていないと女の子に相手にされない。でも、お金の力で女の子が寄ってくるのはさみしい。船じゃなくて、自分を好きになって欲しい。どうしたらいいんだ?

こういうことは、誰にも相談できない。

ますます魂が腐っていく。

どんどんモヤモヤが溜まっていった。

僕が本田健さんに出会ったのは、そんなときのことだった。

この「山に登ったままでいると、魂が腐る」という話をすると、「いや、自分は成功してないから、魂が腐るとかわかんない」という人もいる。

でも、そういうことじゃないんだ。

誰にでも、生きていることが虚しくなったり、やる気がなくなったりすることってあるよね。

それは、「成功」と人にいわれるようなことではなくても、何かを成し遂げたあとかもしれない。

たとえば、それまでフリーターだった人が、就職できた。

ひとつの会社に10年勤めて、後輩にも頼られるようになった。

転職に成功した。昇進した。

そういうのも、ひとつの達成だよね。またひとつ、何かを積み上げた、ともいえる。

ところが、順調に、前に進んでいるはずのこういう場面で、急に虚しくなる。

それがただの疲れだったら、何日か休めば回復するはず。

でも、けっこうな長期間、虚しさや、無気力が居座っている……とか。体調を崩したり、メンタルの調子が悪くなるとか。

そういう場合は、「これって、魂が腐っていく感覚なんじゃ？」と、ちょっと考えてみて欲しいのさ。

どうだろう、ちょっと心当たりがある人は多いんじゃないかな？
自分には関係ない話じゃないでしょ？
じゃあ、魂が腐っていく感覚（かもしれないもの）に気づいたら、どうするか？

自分の声をちゃんと聞いてあげるんだ。
自分と対話するのさ。

具体的にどうやって対話するのかは、この先で語っていくことにしよう。

THE GAME 4

出会いの章

本を出す前の、本田健さんに会う

今でこそ、本田健さんの名前は、自己啓発の世界では知らない人がいないくらいのビッグネームになっている。代表作である『ユダヤ人大富豪の教え』や、世界25カ国以上で刊行された『happy money』など、ベストセラーを連発されている作家さんだ。

けれども、僕が会った当時の健さんは、まだ最初の本を出してもいなかった。神田さんのときと同様、またしても僕は、有名になる前の本田健と知り合うという幸運に恵まれたわけだ。

神田さんの勉強会には、「人をつなぐ名人」がいた。山口さんという社長さんなんだけれど、「山口さんに誘われたら、絶対についていけ」といわれるくらい、人の縁をつなぐのがうまい人なんだ。

その山口さんが、「おもろいセミナーがあるから、いこう」と誘ってくれたのが、健さんの講演会だった。

健さんをはじめて見て、その話を聞いたときの第一印象は、

「……こいつ、何者だ?」

だって見た目がぼーっとした感じで、バリバリやっていります感がないんだ。

聞けば子どもが小さいので、育児セミリタイアをしているという。

育児セミリタイア？　え？　働き盛りなのに、子どものために仕事をやめてしまったの？

海外では、そういう人がいたけど、日本にもいたんだ。

そして話を聞いていくうちに、僕はどんどん衝撃を受けることになった。

当時の僕は28歳、健さんは36歳くらいだったと思う。そのころは、僕と同様、まだ「若造」の部類だったといっていい。なのに、その話はまるで若造らしくなかった。

僕が会って話を聞いてきた、70代くらいの成功者の話。それを完全に理解して、実践している人の話だった。

「こいつ、若いのにすごいな」

なぜか不思議なくらい上から目線で僕は呟いた。

会場では、健さんが書いた少冊子が配られていた。まだ本を出す前のことだから、自主制作したものだ。

それを読んで、またやられた。

お金と自由を手に入れて、人から見れば理想の生活を実現して、ハワイのビーチにいる健さん。

「もう働かなくていい、とわかったとき、マイルドな不幸感にやられた」とそこには書かれていた。

わかる！　と僕は叫びそうになった。

僕が味わっていた、あの魂が腐っていく感じ。それを、「マイルドな不幸感にやられた」と見事な表現で言語化している。すごい。

仕事でたくさんのお金持ちに会った。その中には、幸せな金持ちと不幸なお金持ちがいることは僕も気づきはじめていた。

お金さえ手に入れれば、すべての問題が解決するわけじゃない。

実際、自分は父の会社を立て直すことができたし、お金を稼げるようになった。

でも、全然幸せになっていなくて、モヤモヤしている。

「俺は、このままいったら不幸な金持ちになる」という、漠然とした不安。

それを健さんは、ちゃんと言語化して、体系立てて説明していたんだ。

絶対、この人から学びたい。この人の鞄持ちをやろう、と僕は思った。


講演会のあとには、健さんと一緒に食事をする機会に恵まれた。

その席で、健さんが例の小冊子を広く配布したいと考えている、ということを聞いた。

なんでも、郵便で申し込んでもらうシステムにしようとしているという。

そういうことなら、僕が手伝えばネットを使ってずっと簡単に、低コストでできる。僕にとっては何の苦労もなく、健さんには喜んでもらえる。

これでいこう、と決意した僕は、ネットを使った小冊子の配布を完璧にプランニングして、後日メールを送った。

健さんからは、「とりあえずランチでもどうですか」という返事がきた。

これが、僕と健さんとの出会いだった。

ランチではとても参考になる話を聞いた。どんな話かというと……実はまったく思い出せない。

興奮し過ぎて、頭が沸騰してしまったんだ。とにかく、すっごい興奮したことだけは覚えている。

そして「鞄持ちになろう」と決意をしたのだが……。

その直後、２００1年9月11日のアメリカ同時多発テロ事件が起きた。

のんきにゴルフをしていられる世相ではなくなって、会社の売上は激減した。


僕はパニックになり、いろいろな社長さんや成功者と呼ばれる人に、アドバイスを求めた。

「そういうときもあるけど、いつかは回復するからね」

「ああ、僕も何度も危機を経験したけどさ、そうやって器が大きくなっていくのさ」

「そういうときに逃げ出す社員もいるから、ちゃんと逃げないようにしないとね」

とまぁ、いろいろな返答をいただいた。

そのとき、健さんにもアドバイスを求めるメールをしたら、彼だけはまったく異なる返答を送ってきた。


「売上が落ちるのはいいことです。

そうでもしないと、あなたのような人は人生を考えないでしょう」


パソコンは固まらなかったけど、僕は固まった。

一体何をいうんだ？　いいこと？　は？

何をいいたいのかが、このころはさっぱり理解できなかったが、のちに健さんから教えてもらったことがある。

人は、健康か人間関係かお金のどれかが崩壊することによって、はじめて人生を考える。

感度のいい人なら、どれも崩壊させずに人生を考えるけど、そうではない人は、どれも崩壊させてやっと考えるようになる。

深いレベルで、自分はどう生きていくのか？　を考えるきっかけとなった。

僕はお金に翻弄され、簡単に心をかき乱されるような状況だった。

お金を持つことによって、心の平穏や自分に対しての自信を持っていた。

そのころ、ビジネスセミナーを行うと「若くして成功した人」という紹介を受け、自信たっぷりに講演をしていたのだが、売上が激減するとともに、その自信も激減していたんだ。

やっぱり、この人から学ぼう。

今の自分じゃ、幸せとはいえない。

なんとしてでも鞄持ちをしよう。

こうして僕は、健さんのオフィスに出入りすることになった。

健さんに優しく鼻を折られる

自信を失ったといえども、ネットマーケティングの知識や手法には自信があった。僕は、「自分の経験をフルに使って、健さんの活動をネットで広げるぞ！」と意気揚々と健さんのオフィスに通いはじめた。

すぐにでもネット関係の仕事を任されるだろうと思っていた。しかし、なぜか健さんはちっとも仕事を手伝わせてくれなかった。何回訪ねていっても、健さんはその話を出すこともなかった。

「こーちゃん、美味しいスパゲッティ屋さんがあるからいこうよ」

「あの映画、観た？　すごくよかったよ」

とか、関係ない話ばかりしてくる。

もちろん、そうやって一緒に過ごす時間は楽しかったけれど、僕としては「なんで仕事の話をしないんだろう？」と戸惑わずにはいられなかった。

「そろそろホームページを作ってくれない？」という話がようやく出たのは、1ヶ月も過ぎたころだっただろうか。

ついにきた！　と、ちょっと安心したような、いよいよだと張り切るような気持ちになっている僕に、健さんはいった。

「すぐに仕事を頼まなかったのはさ、こーちゃんに、『ホームページを作れるからここにいられる』と思って欲しくなかったからなんだよ。

ホームページができてもできなくても、こーちゃんはここにいていいんだってわかってもらうために、仕事をさせなかったんだ」


それを聞いて、僕はまた、自分が少し勘違いをしていたことに気づかされた。

人に誇れるようなことができるから他人に認めてもらえる。すごい人だから愛される。それは間違いだと、オーストラリアで気づいたはずだった。

でも、ネットマーケティングの仕事で人の役に立って、自信も持てるようになっていく中で、またしても僕は「すごい自分でなければいけない」という考え方に染まりつつあった。

そんな僕の高くなった鼻を、健さんは優しく折ってくれた。

何かができても、何もできなくても、関係なく受け入れてくれる人はいる。

すごい自分でも、すごくない自分でも、自分は自分なんだ。

本田健さんが、やっとパソコンを触らせてくれたころ。

KEY NOTE 11

僕たちは成長することによって、居場所ができると思ったり、認められると思っている。

だから、果てしなく成長を目指し、ときには自分を大きく見せてしまうこともある。

そう、このころの僕は、ついつい自分を大きく見せては疲れていた。

今思うと天狗になっていたのは、大きく見せたいから。

大きく見せると人から認められると思うけど、好かれることはないよね。

その天狗の鼻が伸びる前に、健さんが優しく折ってくれたんだ。

普通は、人が離れて気がつくんだけどね。

本当にラッキーな体験だったんだ。

だからみんなに伝えたい。


人は成長してもしなくても、愛されるんだ。そして、愛されていることを実感しながら成長するのと、愛されたいと思って成長するのは全然違うんだ。

前者は幸せを感じながら成長できるけど、後者はどこまで成長しても幸せを感じられないし、焦ってしまう。


たとえば変かもしれないけど、結婚してからモテるというのがある。

独身時代や彼女のいないとき、僕らは少し自分を大きく見せてしまうよね。今よりも成長した自分を見せて好かれようとするわけだ。

あー、僕は少しどころじゃなかったな、まるで孔雀が大きく羽を広げるように、自分を大きく見せていたな。そうでもしないと愛されないと思っていたからだ。

するとモテない。

不思議と本当にモテるときって、自分を大きく見せたときじゃなくて、素の自分を見せたときだったりする。

しかしまた見栄を張ったり、大きな自分を見せようとしたりしてしまう。

だけど結婚となると、いろいろバレるわけだ。

もちろん、バレずに結婚もできるかもしれないけど、それは安らぎがないよね。

いろいろバレた上で「あ、一緒にいてくれるんだな」というのがわかると、安らぎのある結婚生活となる。

そしてのちに気づくのだが、男性諸君が張った見栄は、たいてい女性の皆さんから見抜かれているってことだ。

僕はこのときに、大きな見栄を張っていたんだろう。

それはすべて健さんに見抜かれていた。

最もいい諭す方法は、1ヶ月も仕事をさせないということだった。

今思い返してもすごい愛情だなと思いつつ、当時の自分は1ヶ月もかかるくらいすごい見栄を張っていたんだなと思う。

お金に乗っている「ありがとう」に気づく

ある新聞社が主催したインターネットのセミナーに講師で呼ばれたのは、そんなときのことだった。

この手のセミナーは何度もやっていた。主な参加者は、大企業から派遣されてきたマーケティング担当者たちだ。

そういう人が、どのようにしたら自社製品が売れるか質問をしてくる。

もちろん、ちゃんと講義をしたし、質問にも丁寧に答えた。大半の人は熱心に聴いているんだけど、中にはこちらの熱意よりずっと低い気持ちで参加している人もいた。

きっと会社に「うちの製品の売り方を聞いてこい」といわれてきているだけで、好きで参加しているわけではなかったんだろう。

そういう人たちに向けて話をしていると、「ちゃんと勉強してきました、という報告書を書けるようにするためのセミナー」という気がしてしまっていたんだ。だから時々、どうにも虚しくなる瞬間があった。

ところが、この日のセミナー後に懇親会があって、参加者のひとりがそこで話しかけてきた。

「ちょっと、個人的なことを聞いてもいいですか。あの、私、庭でハーブを育ててるんですが、それをどうやったら売れるのか聞きたいんです」

個人でネット販売をやりたい、という相談なんだけど、この話はすごく盛り上がった。

自分が好きで作っているものを、たくさんの人に届けたい。そう思っているから、熱量がすごい。

会社に「うちの製品の売り方を聞いてこい」といわれても、それは「お仕事」でしかない。でも、本当に自分がやりたいことをやるとき、人は真剣になる。

そういう人をサポートするのは、楽しい。

ビジネスとしてコンサルタントをやるなら、大きな法人を相手にしたほうがずっと儲かる。ハーブを売りたがっている女の子をコンサルティングしても、大きなお金にはならない。

そのかわり、人の役に立つ喜びがそこにはある。


この日の出来事がきっかけになって、僕は個人向けのセミナーをはじめた。

会社のお金で派遣されてくる人ではなく、自分でお金を払って、僕の話を聞こうと思ってくれる人をお客さんや生徒さんにしたいと思うようになったんだ。

そうしたら、お金の意味も変わった。

それまで、通帳に書かれている金額を見てもなんとも思わなかったけれど、セミナーでもらうお金には「ありがとう」と書いてあるような気がしたんだ。

みんなが、僕のしたことで喜んでくれているという証だった。

健さんとの出会いがあって、個人向けのセミナーをはじめて、お金の意味が変わった。

このタイミングで、僕はようやく山を下りはじめることができたんだと思う。

頂上から下っていくと、ふもとから登ってくる人に出会う。

そういう人に、

「このコースをいくといいよ」

「あそこは難所だから気をつけて」

なんて教えてあげると、とても喜ばれる。喜んでもらえたら、僕もうれしい。

一度登った山から下りるのは、とても素敵なことだった。

魂の腐っていく感じは、徐々に薄れていった。

THE GAME
KEY NOTE 12

山の頂上は見晴らしがいい。

だから、山を登りきったとき、別の山が見えるのは当たり前だよね。

特別な行動力がある人は、次の山が見えた瞬間、もうその山に向かっている。つまり、今いる頂上から下りはじめている。

僕らのような普通の人は、とりあえず……新しい山を、見なかったことにする（笑）。だって、また登らなきゃいけないじゃん。そのためには、せっかく登ったこの山を下りなきゃいけないじゃん。

今の高さを失うのはこわい、と思ってしまうんだよね。でも、「また登らなきゃいけない」と思っている時点で、本当は「次の山に登りたい」と望んでいる自分もいるんだよ。

それを、見ないようにする。次だ！　という自分の衝動を無視する。

だから、魂が腐っていくのさ。

そして、腐る時間が長いほど、ますます動きは悪くなっていく。山の頂上から動けなくなってしまった人は、「お山の大将」と呼ばれる。


だから、次の山を見よう。山を下りよう。

心配しなくていいんだ。山を下りたら、たしかに高度は下がる。でも、一回頂上まで登ったんだよ。身についた体力とか、登山技術はなくならないでしょ？

だから、次の山はもっと早く、楽に登れる可能性が高い。

場合によっては、たいして下りる必要さえないかもしれないよ。100メートルぐらい下りたら、あとは尾根づたいに次の山にいけることだってあるから。

だから、安心して、次の山を見よう。

次の山に登りたいと思っている自分の声も、ちゃんと聞いてあげよう。

(もちろん、不安になったり、めんどくさがったりする自分の声も聞いてあげていいからね)


今自分はどこにいると思うだろうか?

山を目指している? 山頂にやっとたどり着いて達成感に浸っている? それとも山頂で魂が淀んでいる? 勇気を持って下山している?

まさか、終わったゲームのレベルをずっと上げ続けていないよね?

新しいゲームがあると思ったら、ワクワクして下山できるはずだ。


どんな状況でいるのか、まずは正直に自覚すると、心が生き生きするようになるよ。


そしてね、下山するときに、登ってくる人たちによいアドバイスをしていくと、今度は自分が登りはじめたとき、びっくりするくらいよいアドバイスをもらえるようになったりするんだ。

不思議なご縁のように巡ってくる。

これは断言できるよ。

すごい人にはそうそう出会えない？

神田昌典さんに本田健さん、それから、この後に出てくる方々。

「晃一さんは、すごい人に次から次へと出会いますよね？　どうやったら会えるんですか？」

という人がいる。

「なかなか晃一さんのように、すごい人と出会うことはできませんよ」

という人もいる。


まずは、どんな自分になりたいか？　をイメージしよう。

それすらできなくても大丈夫。

あの人ステキだな、と思える出会いがないと、なかなか理想は思い描けない。


まずは、今いる場所から一歩冒険に出てみよう。

冒険といっても、今使っている通勤路を変えてみるとか、新しいサークルや勉強会、セミナーなど、今いる場所と違う場所に出てみるようなレベルからでもいい。

するとそこには、今の自分とはびっくりするくらい違う生き方をした人たちが溢れていたりする。

ゲームも同じだ。今いる場所をグルグルまわっていても、同じ出会いしかないだろう。新しいエリアにいくと、違う登場人物に出会えるんだ。そんな人たちに、まずは会ってみることからはじめよう。

やがて「会うだけ」では、満足できなくなる人が現れるだろう。どうやったら、もう一歩進んだ関係を作れるだろうか？そのためには、「会うだけ」じゃなく、「自分はこうなりたい」「自分はこうしたい」という目的が必要だ。

以前、神田さんが開いたフォトリーディングという速読法のセミナーに参加したことがある。フォトリーディングで速く本を読むためのコツは、「どんな情報が欲しいのか、目的を明確化させること」だという。「自分はこういう情報を得るために、この本を読む」という目的があるから、本を素早くめくっていっても必要な情報がどんどん頭に入ってくる、というわけだ。

本を読むときばかりじゃない。

僕がオーストラリアにいこうと思っていたときは、街を歩いているだけで看板やポスター、チラシなんかの「オーストラリア」という単語がどんどん目に入ってきた。

奥さんが妊娠すると、町中に妊婦だらけのように見えてくる、というのも同じことだろう。

目的がある、何かに注意が向かっているというのは、そのくらいの力がある。

僕が「この人に会いたい」と思うときには、「会うだけ」が目的じゃない。「理想の自分になること」が目的だ。理想的な人だったらどう考えどう行動するんだろうか？「会って、この人の思考パターンを伺ってみよう」とか、「なんとかかわいがってもらって、今の状況に合ったアドバイスをいただこう」という目的を持っている。いい換えれば、「この人のアタマをお借りしてしまおう」という感じだ。

それだけで、会ったあとの行動が変わってくる。

僕が出会いに恵まれている理由のひとつは、それだろう。

もうひとつ、大事なことは、人は誰でも人を喜ばせたがっているということだ。

その人に出会えたことを喜べば、相手はもっと喜ばせたがる。何かしてもらえたことを喜べば、相手はもっとこちらの役に立とうとしてくれる。

アドバイスをいただいたら、どれだけ自分の役に立って、どれだけ自分の人生をよい方向に変えられたのか、大げさなくらい喜びながら報告をしよう。

きっと相手はうれしくなって、もっと的確なアドバイスを親身になって教えてくれるだろう。

唐突に話が飛ぶけれど、オーストラリアのアデレードで、クレイジーホースというストリップ小屋にいったときのことだ。

友達と何人かでいったんだけれど、やっぱりちょっと恥ずかしい僕らは、モジモジしながら「外国人のカラダってすげーなー」なんて思いながら踊り子のお姉さんを見ていた。

でも、友達のひとりは違った。英語なんて全然しゃべれないのに、「グレート！　カモン！ベイビー！」なんて、知っている英単語を総動員、駆使してお姉さんに喜びを伝えていた。

気がつくと、お姉さんはそいつの前でしか踊らなくなっていた。そう、ストリップのお姉さんもお客さんを喜ばせたいんだ。

当時の僕は22歳。22歳が逃したオッパイは、３億円を逃したくらいのダメージだった。

僕はこの日、「欲しいものが出たら喜びまくる」という技を覚えたんだ。

THE GAME

KEY NOTE 13

出会えたことを、全力で喜ぶ。

その人が何かしてくれたら、また全力で喜ぶ。

その繰り返しで、人との関係は深まっていく。

新しい出会いにも恵まれるようになる。


それは、相手がどんな「すごい人」だろうと変わらないんだ。

もちろん、相手の役に立つことを考えるのも大事。

「何をしたらこの人は喜んでくれるだろう?」と考えて、動く。


好きな人のためにプレゼントを選ぶのは、全然面倒じゃない。

それどころか楽しい。

会いたかった人、仲よくなりたい人のために、「どうしたら喜んでくれるだろう?」と考えるのも、手間をかけるのも面倒じゃないはずだよね。


逆にいうと、それが面倒だと感じる相手に会っても仕方がない。

どんなに「すごい人」だろうとね。

僕がいつも意識しているのは、この3つ。

1. 今いる場所に退屈を感じたら、新たな場所へ一歩踏み出す。
2. ステキだなと思う人と出会い、理想の自分を思い描く。
3. 理想となる人から学び、学んだことを心から喜び、相手に伝える。

シンプルだけど、最速最強の人生ゲーム攻略法だと思っているのさ。

THE GAME
5
発見の章

わかりやすく教えることの難しさと重要さを知る

僕はこれまでも、仕事で出会う社長たちに「どうやったらうまくいきますか?」と聞きまくっていた。

いろいろな経営者の知恵を借りることで、大変な状態だった会社を立て直すことができた。

それはそれで、本当にたくさんのことを学べたんだけれど、神田さんからはあらためて、「わかりやすく教えること」の威力を教えてもらったと思う。

どうやったら売れるようになるのか? セールスやマーケティングという単語すらよくわかっていなかった僕に、セールスレターの書き方や、どういった方をお客さんにすればいいのかなど、1からわかりやすく教えてくれたんだ。

神田昌典さんがすごいのは、MBAをとって外務省に入った超エリートということだけではなく、ダイレクトレスポンスマーケティングを深く知っていることなんだけど……それ以上にすごいことがある。

それは、僕のような「勉強したことがない人」にもわかるように「翻訳」できることだ。

コンサルタントの仕事をしている人の中には、小難しい言葉を好んで使う人もいる。

「今日のアジェンダが」とか「こういうエビデンスがあって」とか。

それはそれで、需要があるんだからかまわない。

僕も、このタイミングで出会っていたのが、こういう小難しい言葉を使うタイプの人だったら、全然違うことを学んでいたと思う。

もしそうなっていたら、のちに『はしゃぎながら夢をかなえる世界一簡単な法』とか『がんばらないで成功する66の超カンタンな方法』といった題名のゆるい本を書くようにはならなかっただろう。

きっと、もっと小難しい本を書くようになっていただろうと思う。専門用語でいっぱいの。

神田さんをそばで見ていて、僕はふたつのことに気づいた。

ひとつは、自分が学んだことを、難しい言葉を使わずに、わかりやすく、やさしく、ある意味でゆるく伝えると、すごく喜ばれるということ。

こういう教え方には、めちゃくちゃ需要がある、といってもいい。

もうひとつは、そうはいっても、わかりやすく教えるのはすごく難しいということ。

複雑なこと、難しいことを、やさしい言葉、表現にいい換えるというのは簡単なことじゃない。

じゃあ、どうすればそれができるのか。あとは研究と練習あるのみ。

神田さんのように、説明がうまい人の話し方を真似して練習してみる。

「なるほど、こういったいいまわしにすると、人は理解ができるようになるんだな」と、学べるところがたくさん見つかる。

昔、女の子を笑わせるために練習しまくった技術も応用できることに気づいた。

ある本を読んだときには、「ブッダとキリストが尊敬された理由」という話が勉強になった。

その理由というのは、「当たり前の話を上手にたとえ話にしたから。そうすると、聞いた人は感心して感動する」という。

たとえばブッダの有名な話で、ある若者がブッダに悪口をいったときのエピソードがある。

ブッダが「あなたが差し出した食べ物を相手が食べなかったらどうなるか?」と聞くと、若者は「食わなかった残りは、俺のものだ」と答えた。

そこでブッダは、「あなたがいった悪口を私が受けとらなければ、それは誰のものになるか?」と尋ねた。

そう、悪口を受けとらなければ、悪口はいった者のものになるんだ。

そしてブッダは「悪口をいわれたら悪口をいい返し、怒りには怒りで返すのは、与えられたものを受けとったことになる。いくら悪口をいわれても受けとらない。知恵のある者に怒りはない。怒りに怒りを持って報いるのは、愚か者のしわざなり」と答えると、若者は改心したという。

すごく感動的なエピソードだが、ざっくりいうと「悪口をいわれても受けとるな。受けとらなければ相手のものだし、腹を立てるのは愚か者だ」となる。

だけど、ざっくりいってしまうと、話のよさがあまり伝わらない。よい教訓は、たとえて話すと深く理解され、心に響くものだ。

そんなことに気づいたので、たとえ話の練習をしまくった。

だって、たとえ話の技術が身につけば、人類最強ツートップであるブッダとキリストに肩を並べられるかもしれないのだから。

罰当たりな表現だけど、その時はそう思ってしまったんだ。

もちろん最初はうまくできなかったけど、少しずつ僕のたとえ話は上達していった。

この技術がついてくると、神田さんがやっている「ＭＢＡで教えるようなことを、普通の日常語に置き換える」ことがラクになった。

そうこうしているうちに出来上がったのが、今、僕がブログや本、セミナーなんかで披露している、あの「ゆるいけどなんだか響く」語り口というわけだ。

僕は20代のころから、インターネットでのマーケティングを学んで、実際にコピーを書いたり、サイトを作ったりしてきた。そのあとはブログやメルマガからはじまって、本を書くようにもなった。

つまり、ずっと文章を書く仕事をしてきたわけだ。

「晃一さんは、文章を書くときにどんなことに気をつけているんですか？」

と聞かれることもけっこうある。

ポイントは簡単。

まず、読む人は5歳だと思うこと。

バカにしてるんじゃないよ。誰でも経験があると思うけど、なんとなくネットサーフィンをしてるときって、あんまり頭を使ってないよね。で、ちょうど5歳児くらいの頭になっているのさ。

だから、5歳でも理解できるわかりやすい文章にする。

そこにプラスして、「あ、これは自分ごとだ！」と思ってもらえるように書く。

これが、僕がネットマーケティングを通じて学んだ文章術だ。

5歳児にもわかるように、と思って書くと、当然「ゆるく」なるよね。

繰り返しになるけど、相手をバカにしてるんじゃないからね。

大事なのは、思いやり。

「こんな難しいことといえる俺、すごいだろ?」っていうマウンティングの反対だと思えばいい。

「難しくないよ」

「こわくないよ」

「面白いよ」

「楽しいよ」

を伝えたい。そのための「ゆるさ」なんだ。

今僕には6歳の娘がいる。

この技を磨いてたおかげで、娘とのコミュニケーションも良好だ。

優れている人は、全部優れているわけではない

人生というゲームでは、冒険をしていく中で、すごい指導者や賢者に出会えることがある。

僕は幸運なことに、たくさんの優れた人たちに出会えた。

この人から是非学びたい！　と思えるような人。そう、メンターと呼ばれるような人だ。

だけど、そのメンターも完璧ではないと知っておくのは大切だ。


たとえば、風邪をひいたら外科にはいかないよね。

風邪をひいたら内科にいくものだ。同じお医者さんでも専門分野が違うから。

メンターも同じで、どのジャンルに精通しているのか？　専門なのか？　を見極めよう。

何かに優れている人は、すべてが優れていると錯覚しがちだ。

ところが、専門分野以外は、実はごくごく普通の人だったりする。

それを知っておくのが大切だ。そうしないと、失望してしまうことがあり、せっかくの学びが深まらなくなるから。


すごい人だからといって、全部の面が優れているわけではない。

すごい能力をある分野で持っていても、他の分野では平凡だったり、ある分野は笑っちゃうくらい苦手だったりする。

ちなみに僕は、お片づけがすごく苦手だ。

だから、お片づけのコツを伝えることはできない。ぶっちゃけ普通の人以下だ。


ゲームのキャラクターには能力を表すパラメータが設定されているけれど、全部のパラメータが高いキャラクターはいない。体力の高いキャラは知力がいまいちだったり、魔法が使えるキャラは強い武器を装備できなかったりする。

これは、現実の人間も必ず長所と短所があるから、ゲームのキャラクターも同じようにしないと、リアリティが失われて面白くなってしまう、ということなんだろうね。


ひとつのことが優れているからといって、全部が優れているわけではない。当たり前のことなのに、「すごい人」に出会うと、ついそれを忘れてしまうことがある。

この人はすごい人だから、全部が優れている。

この人のいうことは、全部正解だ。

そんなふうに誤解してしまうんだ。

特に、メンターや師匠と呼べるような人を見つけると、その人をまるで神のように崇めてしまう人はけっこう多い。

すると、「神」のいうことを盲信するようになる。

そういう「信者」に限って、「神」が不完全な部分を見せたりすると、「裏切られた」「見損なった」と責めたりしてしまうことにもなったりする。

それって、とても悲しい関係だよね。


そこが理解できると「ああ、このメンターも人間らしいなぁ」と、ちょっと安心できるようになる。人間らしい部分を僕に見せていただきありがとうございます！ なーんて気持ちになれたりする。


不完全な部分があるからといって、その人の優れた部分が否定されるわけでもない。やっぱり、その部分では「すごい人」なんだ。

そして不完全な部分が、もしかしたらこちらの得意な部分だったりする。

そうしたらチャンスだ。自分がそのメンターの役に立てるかもしれないよね。

するとメンターとの関係が、ずっといいものになるのさ。

KEY NOTE 15

人間は工業製品じゃないから、いろんな形をしてるよね。ひとりひとりバラバラだ。だけど僕らは、まん丸い、きれいな球形を目指してしまう。完璧な人になろうとしてしまう。そのほうが、魅力がありそうだからね。

でも、いびつな形だからって魅力がないということになるだろうか?

すげー変な形だからこそ素敵な人、なんていくらでもいる。

パズルと思ってみてはどうだろうか?

凹んでいる部分は、誰かが凸の部分。自分が短所と思っていた部分は、誰かが活躍できる部分。そんなふうに考えると、素晴らしいパズルが完成すると思うのさ。

「すごい人」を見て、「こんな欠点がある! がっかりした! 裏切られた!」なんて思ってしまったら、もったいない。

そこにあなたの活躍の場があるかもしれないのだから。

人は欠けている部分があるから、それぞれに活躍のチャンスがあるし、仲間にもなれる。

いろんな職業でパーティを組むロールプレイングゲームも、漫画の『ワンピース』みたいな仲間と冒険をする物語も、このことを描いているのさ。

ここまで考えると、優れている人の欠点を「許す」段階の先にいける。欠点を含めてその人を認めて、愛して、つながれるようになる。フラットな仲間になれる。

そうすると、もっと多くのことを学べるようになるんだ。

ヤンキーが幸せな家庭を築ける理由

すごい人と出会っても、心酔してしまうのではなくて、その人の不完全さを許しながら、学ぶべきことは学んでいく。

これって、実は親との関係にも応用できることなんじゃないか、と僕は気づいた。

いきなり話が飛ぶけれど、ヤンキーは若くして幸せな家庭を作ることが多い。

十代のころは親とけんかばっかりして、コンビニにたむろしては「うちの親父、マジでクソでさ」「マジかよ、ウチもなんだよ」とかいっているのに、ハタチそこそこで結婚して子どもを生んで、家庭を作っちゃう。

で、いつのまにか親ともいい感じの関係になっている。

これは何を意味するかというと、

「父親や母親は、不完全だった。不完全だけど好きだ」

と思えるようになった、ということなんだ。

感受性が強い十代のころに、「うちの親、最悪だな」と思った感覚自体は間違っていない。たしかに、どこの親だってダメな部分はある。親にひどいことをされることだってある。

ヤンキーは、コンビニの前で「うちの親ってよー」って文句をいいながら、ちゃんと親のダメな部分を見極めていくんだよね。

そして理解してくれる仲間がいる。「そんなに親のことを悪くいうなよ」なんていわずに、「わかる、俺の家も一緒でさ……」と共感し、理解してくれるんだ。共感してくれる仲間がいると、人は不思議と愛されていたことに気づきやすくなる。

ああ、親なりにぶきっちょだけど、自分を愛していてくれた。いいところもあるし、不完全な部分も含めてラブだな……という境地に、ヤンキーは早めにたどり着きやすいということなんだろう。

そして、若いうちに親の不完全さを許せるから、不完全な自分でも親になれる、なっていい、なろう、と思える。だから早く家庭を作ることもできる、と。

優等生、まじめな人に多いのは、この逆のパターンだ。

完全な「いい子」であることを親に求められて、それに応えようとする。

「親に愛されるために、優秀でいなきゃいけない」と思いこんで、ずーっと生きていく。

これだけでも辛いんだけど、いい子であることを求められているぶん、親にも完全であることを求めてしまう。

もちろん、優等生の親だって、ヤンキーの親と同じで、不完全な人間に決まっているんだけど。

でも、優等生は、親に完全であることを求めるあまり、親の不完全な部分、ダメな部分から目をそむけてしまう。見ないふりをしてしまう。当然周囲の友達に、親のことで悩んでいるなんていえない。間違っても親を悪くいえない。

これは、もちろん無理がある。だから、どんどん苦しくなっていく。

で、ある程度の年齢になってから限界がきて、爆発する。親と決定的に不仲になってしまったりする。

そして、こういう人は、メンターや師匠との関係でも相手に完璧を求めてしまいがちだ。「すごい人」を見つけると、その人の不完全な部分からは目をそむけて、完璧な「神」のように扱ってしまう。

親との関係を、メンターとの関係にも投影してしまっている、ということだよね。

たくさんの人の相談を受けていると気づくことだけれど、自分を受け入れられない人というのは、こういうまじめな優等生タイプが多い。

完璧でなければ親に受け入れられない、と思ってがんばってきた。

今の自分は完璧じゃない。

だから、そういう自分を受け入れられない。

もちろん、親の不完全さも受け入れられない。不完全な親を許せない。

ついでに、メンターにも完璧を求めてしまう。

これがセットになっている人が、とても多い。

裏を返せば、人の不完全さを許すことは、親との和解にもつながっているということでもある。

そしてそれは、不完全な自分を許して受け入れることでもあるんだよね。

THE GAME
KEY NOTE 16

「自分は、親の不完全さを許せていないんだ」

「それが問題だったんだ」

「じゃあ、どうすれば親を許せるんだろう？」


多分、そんな疑問が湧いたと思う。

そこで、どうすれば親を許せるかを説明……しようと思っていたんだけど、大事なことを忘れるところだった。


いきなり親を許そうと思っても、うまくいかないんだよ。

どうしてかというと、親を許せない人は、そんな自分をまず、許せてないんだよね。

「親を許せない自分、ひどい！　許せない」

と思っている。

世間では、親孝行しましょうとか、親が好きとか、大人になったら親とは友達みたいな関係になれるとかいっているのに……自分は親を許せないいまま。なんてひどい子どもなんだろう。

そんな、「自分が許せない」という気持ちを誘発する「親」という存在が、いっそう許せなくなっちゃったり。悪循環だよね。

だから、親を許す前にまず、

「親を許せない自分」を許す。

これをやって欲しいんだよね。


やり方は簡単。

親にこんなことをされた、あんなことがあった、許せない！　と思うたびに、そんな自分によりそってあげる。

「そうだよね、許せないよね」

「そんなことといわれたら許せないのが当たり前だよ」

「もっとこうして欲しかったよね」

「許せなくて当然だよ」……

こんなふうに、相づちを打ちながら、自分に寄り添ってあげる。

これが、自分を許してあげるということ。

焦らずに、気長に、「許せない自分」に寄り添ってあげよう。

時間はかかるけれど、それが親を許すための道なんだ。

間違っても、いきなり親を許そうとはしないでね。それは、自分の「許せない」という気持ちにフタをすることだから。

優等生タイプほど、上手にフタをしちゃうから、下手をすると爆発することになっちゃうよ。

できる人は、教えたくてたまらない

同級生が「ゲームがなかなかクリアできなくて」と話してきたら、「おお！　そこはこうするとクリアできるんだよ！」とうれしくなって答えた経験はないだろうか？

学生時代、打ち込んだ部活はないだろうか？

もし後輩や若者が、「僕もあなたと同じ部活でがんばっています。上達するにはどうしたらいいですか？」と聞いてきたら、ついつい教えたくならないだろうか？

サッカーや野球に打ち込んでいた人がおじさんになると、少年サッカーや野球の監督に名乗り出る人は多いよね。

そう、自分が一生懸命やってうまくいったものは、ついつい誰かに伝えたくなるんだ。

人生も一緒。

うまくいった話を、誰かに伝えたくてたまらない。

だから思い切って聞いてみればいいんだ。うまくいく秘訣やコツを。

僕は、父の会社で仕事をしていく中で、たくさんの成功した社長さんたちに出会った。

そのとき、「どうやったら社長のように生きられるのですか？」と聞いてみたり、「社長だったら僕のこの状況をどう乗り越えていきますか？」と聞いてみたりすると、喜んで教えてくれることが多かった。

やっぱり、「できる人は、教えたくてたまらない」んだ。

自分は気後れしちゃってそんなの無理、と思う人もいるだろう。

「教えて、教えて!」というのは図々しいんじゃないか、と思ってしまう奥ゆかしい人もいるだろう。

「たいして親しくもないのに質問するのは気がひける」とか、「お金も払わずに貴重なノウハウを教えていただくわけには」とか、ついつい悩みがちだけど、思い切って聞いてみよう。

もちろん礼儀は必要だけど、聞いているこちらも喜びながら聞いていれば、どんどん秘訣を語ってくれるはずだ。

THE GAME
KEY NOTE 17

本当に、遠慮なく質問していいの？　って、心配になったかもしれない。

もちろん、されると残念な質問もある。

たとえば、自分で簡単に調べられるような質問は、少し失礼にあたるよね。

でも、あなたは「自分なんかが質問していいんだろうか」と悩んでしまうような奥ゆかしい人でしょ？　そんな無神経な質問をするわけはないから、心配はいらない。

あとは、気にするとすれば、「本気度」くらいかなぁ。

僕がオーストラリアから帰ってきて、父の会社を立て直すために朝から晩まで働いていたころのこと。

19歳の男の子が、自転車に乗って僕を訪ねてきた。平日の朝に、突然（笑）。

どうやら自転車で旅をしようとしているようで、オーストラリアを自転車で横断した僕にアドバイスをもらいにきたっていうんだけど、その自転車の装備が、見るからに残念な感じなんだよね。

これじゃダメだと思ったので、仕方ないからその日は仕事を休んで、自転車屋さんに連れていった。

それで、「こういう装備にしないとダメだよ。特にカバンは大切。穴が開かない頑丈なやつを」と教えてあげたんだけど、「そんなにお金はない」なんていう。だから「いいよ、俺が買ってやるよ」とついつい買ってあげることになった。

あとにも先にも、男の子にカバンをプレゼントしたのはこの時だけだ。

我ながら何やっているんだろう、と思ったけど、自分が一生懸命に追いかけてきたことを、少し遅れて追いかけている「後進」に出会うと、昔の自分を見ているようで応援したくなるんだよね。

その子の自転車の装備は残念だったけど、自分なりに一生懸命に準備したものだというのは伝わってきた。本気で自転車が好きなんだなって。

これが、「ちょっと自転車興味あるんすけど、どんなの買ったらいいですか?」みたいな適当なやつだったら、多分こんなにいい対応はしなかったと思う。

自分が本気でやりたいことがあって、そのために参考にしたい人には、本気の質問ができるはず。だから、遠慮する必要はないんだ。

好きな人にお金を使いたい

もうひとつ、気がついたことは、みんな好きな人にはお金を使いたいんだ、ということ。

僕自身も、自分が何かをうまくやれたら、その方法を人に教えるのはうれしいし、楽しくて仕方がない。

ついでに、若いうちに今でいう「シェア」の考え方を身につけられたから、情報を無料でバラまくことも当たり前にしてしまう、という話は前にした通り。

だけど、その一方で僕は、お金をもらってセミナーもやっている。

これは一見、矛盾しているようだけど、そうでもない。

僕がやっている有料セミナーは、情報とお金を交換してマネタイズする、というものではない。

「見たかったらお金を払ってください」ではないんだ。

何度もいうように、僕は基本、無料で情報をバラまいている。

そうすると、その情報が人の役に立つ。

そういう人の中には、ありがたいことに、「晃一さんに恩返ししたい」と考えてくれる人もいる。

その気持ちに応えるための受け皿が、有料のセミナーなんだ。

この考え方ができるようになったのは、自分自身も、「恩返ししたい」という気持ちでお金を払った経験が何度もあるから。

たとえば、最初は神田さんからお金儲けの方法を教わりたくて、そのために本やセミナーにお金を払っていた。でも、会社がうまくいくようになってからは、もうその必要はない。

でも、神田さんのおかげでうまくいったから、神田さんが大好きだから、恩返しをしたい。

それで、今まで以上にセミナーに参加して、お金を払う。それがこっちもうれしい。

どうせお金を使うなら、好きな人のために使いたい。

好きな人を喜ばせるために、お金を使いたい。

その気持ちは僕自身のなかにもあるし、誰でもそうなんだということに気づいたわけだ。

ついでにいうと、「好きな人を喜ばせたい」というピュアな気持ちでもらったお金は、やっぱりピュアな気持ちで使いたくなる。誰かを喜ばせるためにお金を使おうと思うようになる。

いくらお金を儲けても、そこに払った人の「お金をとられた」「巻き上げられた」「高いなあ」という気持ちが乗っていたら、こうはいかない。きっと、ストレス解消のために、キャバクラで散財するような使い方をしてしまうものなんだ。

KEY NOTE 18

商売をしていると、様々なお客さんがいる。

そして、その商売の質に応じて、お客さんの質が比例してくるんだ。


冷やかしばかりで、実際には買わないなんて人もある。これはもうお客さんとはいえない。

買ってはくれるけど、値切りが激しかったり、クレームも多かったりする人もいる。これだと疲弊してしまうよね。

逆に、あまり値切ったりせず、お店の説明や店員さんを尊重してくれて、楽しそうに買ってくれる人がいる。これが本来の商売の形だと思う。

お客さんが出すお金より、価値があるものを提供して交換する。

そんな本来の姿で商売をすると、お互いにハッピーなんだ。


「お礼をしたいので、是非買いたい」

そんなことをいってくれる人。

本来のビジネスを続けていると、このようなお客さんがどんどん増えてくる。

そう、蓄積されていくんだ。

そのお客さんたちは、喜んで自分の大切な家族や友達を連れてやってくる。


どうやったら、いいお客さんがくるようになるのか？　を考えていくのが商売の基本中の基本。「お礼をしたいな」と思うお店があったら、そのお店のあり方を学ぶと、ものすごく参考になると思うのさ。

いろいろな業界を見ていると、その業界でナンバーワンになった企業は、どうやったら自分の業界やお客さんに恩返しができるようになるのか？　を深く考えて行動するようになっているのがわかる。財団などを立ち上げて、恩返しをしていたり。

だから、もしも自分がこの業界で活躍して、恩返しをしたくなったらどんな行動をするのか？と想像してみるのもいいよね。

いきなり、財団を立ち上げて……だとハードルが高すぎて想像がつかないから、もっと小さいレベルでいいから、できそうなことを考えてみよう。

１００億円を使った恩返しができなくても、１０００円くらいの恩返しなら思いつくはずだ。

そんなあり方で成長していくと、きっと自分の業界で相当活躍できるようになると思う。

だって、あなたに恩を感じる人が、どんどん蓄積され増えていくんだから。

THE GAME

6

光の章

竹田和平さんと出会う

竹田和平さんの名前は知っていた。

神田昌典さんとの対談を、カセットテープで（当時はまだカセットテープというものが使われていた）聴いたことがあったからだ。

「日本一の投資家」といわれる大金持ちで、のちに「和製ウォーレン・バフェット」とも呼ばれた。上場企業のデータを網羅している『会社四季報』を開くと、大株主として一番名前が出ていたのが「竹田和平」。ゆえに日本一の大株主と呼ばれているというすごい人だ、と。

その和平さんの講演会があるから来ないか、と誘われたのは、２００７年。僕が30代にさしかかっていたころ。

講演会は名古屋で開かれるというので、新幹線に乗って向かう途中、僕はけっこう下心でいっぱいだった。

「そんなにすごい投資家なら、儲かる銘柄を教えてくれるかもしれない」なんてね。

もう儲かったような気になって、新幹線はグリーン車を張り込んだんだけど、「帰りはボックス席を丸ごととれるかも」ぐらいの気持ちでいたんだ。

ところが、実際に講演会がはじまってみると、和平さんは僕が期待していたような話を全然しない。

「上手な投資の方法」とか、「この会社の株を買えば儲かる」とかいった話がちっとも出てこない。

じゃあ何を話したのか。

要するに、

「徳を積むことが大切です」

という話をずーーっとしている。

僕はといえば、下心満載で臨んでいるから、「それはいいから、早くお金儲けの話にうつってくれないかなー」なんて思っていた。

でも、和平さんは相変わらず、「徳を積むことが大切」という話を、いろいろないい方で続けている。

結局、和平さんは最後まで、僕が期待していたお金儲けのマル秘情報みたいな話はしてくれなかった。


ちょっと拍子抜けしたけれど、でも、和平さんの話の中で、すごく面白いと思った部分があったんだ。

それは、和平さんの夢の話。

和平さんは、「徳を教える学校を作りたい」という。

その学校のビジョンが、素敵なんだ。

「空気のきれいな場所で、芝生の上で、みんなでバーベキューをして、ビールを飲みながら徳について語り合ったら、面白いがね」

　たまたまなんだけれど、和平さんが目指している「学校」のような場所があったらいいなと、僕も思っていた。

　オーストラリアにいって以来、旅先で面白い人にたくさん出会った。仕事ではたくさんの成功者に出会った。

　そういう人たちが交流できる場を、キャンプ場のような自然がいっぱいの環境に作れたらいいなと思っていた。

　奇跡的に、和平さんの夢と、僕の夢がシンクロしたんだ。

　和平さんは、学校を作るために「私財を100億円使う」という。

　僕は、うれしくなってしまった。

「すごい。自分と同じようなことを夢見ている人がいる。しかも予算は100億。絶対、この人とはマブダチになるぞ！」

　本田健さんと出会ったときと同じように、またしても一瞬で「この人だ！」と決めてしまったわけだ。

　そこから、「和平さんと友達になる計画」が始動した。

どうすれば友達になれるかな、と考えていたら、ちょうど和平さんはネットを使って自分の哲学を教える試みをはじめるところだという。まずはネット上で学校を作ろうというわけだ。そこで、メールアドレスを登録して欲しい、と呼びかけていた。

これだ！　と思った僕は、自分のメルマガの読者やセミナーの受講者さんに案内を出した。「竹田和平さんというすごい投資家が、めちゃくちゃ勉強になることを教えてくれるよ」と案内を出して、和平さんの学校を、どんどん紹介したんだ。

自分が「これだ！」と思った人だから、自信を持ってお勧めできる。みんな、どんどん登録してくれた。

あとで聞いたら、合計500人くらい参加者が増えたというから、和平さんも驚いたと思う。その500人の人たちもいいチャンスに恵まれたと喜んだと思う。

しばらくして、僕を和平さんの講演会に誘ってくれた友達のトキちゃんが、「和平さんから預かってきたものがある」という。

それは、金ピカのメダルだった。

和平さんの名前と、僕の名前が彫ってある。

僕は、和平さんが喜んでくれたことがわかって、うれしかった。お役に立てただけでもうれしいのに、こうしてお礼の品まで贈ってもらえるなんて。

「それにしてもメダルかあ。すごいなあ」と思いながら見ていると、トキちゃんがいった。

「それ、全部純金です」

「……へ？」

下心満載の僕は、その日は実家に直行して、キッチンにある計量計で純金メダルの重さを量り、その日の金相場を電卓に入れてニンマリしたんだ。

こうして、僕と和平さんの交流がはじまった。

和平さんと。僕たちの結婚式にて。

下請けはやってはいけない

もちろん、僕は純金のメダルが欲しくてやったわけじゃない。

和平さんを見て、「この人と友達になりたい！」と思って、和平さんを喜ばせたいと思った。

だから、自分ができることで役に立とうとしただけだ。

好きな人、尊敬する人の役に立ちたいと思うのは、当たり前のことだ。

神田さんや健さんもそうだけれど、「この人はすごいな」と感じると、「何か手伝えることはないかな？」と考えるのは僕のクセのようになっていた。

尊敬する人の役に立てるのは、楽しい。

でも、気をつけなければいけないことがある、と僕は気づいていた。

それは、「下請けはやらない」ということだ。

「俺、こんなことできますよ！」とノリノリで手伝うのはいい。

「それ、面白そうですね。一緒にやらせて！」と申し出るのもいい。

でも、「下請け業者」になってしまったらだめだ。

楽しくなくなるし、相手との関係も深くなっていかない。

下請けじゃなくて「業務提携」みたいないい方をしても、同じこと。

要するに、対価をもらって、その見返りに仕事をするという関係になってしまってはいけない。

もちろん、タダで大変な仕事をするのがいい、ということじゃない。

「別に報酬なんかいらない、やること自体が楽しい」という手伝いだけをしましょう、ということだ。

和平さんからもらった金のメダルはすごくうれしかった。

でも、そういう見返りが欲しくてやったわけではない。

だからこそ、楽しく協力できたし、和平さんが喜んでくれたことが素直にうれしかったんだ。

KEY NOTE 19

「なんでもやりますから、弟子にしてください！」

……みたいなノリでアプローチしてくる若い人が、時々いるんだよね。

そういうときは、「なんでもやりますなんていっていると、なんでも便利に使われちゃうだけだよ」とアドバイスすることにしている。

その人と本当に仲よくなりたいなら、本当にその人から学びたいなら、下請けはやっちゃいけないし、弟子になるのもやめようね。


いや、正確にいうと、若いうちに下請けや弟子をやる時期があっても構わないとは思うんだけど……実際には、「師匠」との距離は全然縮まらないまま、ただ便利に使われ続けてしまう人が多い。

だから、下請けや弟子入りには本当に気をつけようね。


結局、大事なのはちゃんとやりたいことを持っているか？　ってこと。

自分はこういうことを成し遂げたい。だからこの人から学びたい。

そういう軸があれば、ただの使いっぱしりになってしまうことはない。

そうじゃなくて、なんとなく「すごい人のそばにいきたい」「偉い人の傘下に入りたい」という気持ちだと、永遠に下請けや使いっぱしりをすることになっちゃうんだよね。

もちろん、まだやりたいことがはっきりしない人もいると思うんだ。それでも、最低限「自分の人生を生きたい。他人に人生を預けないぞ」という気持ちだけは持っておこう。

「すごい人」を見つけて教えを乞うときに、その決意があるだけで全然違うと思うのさ。

すると自然に、「なんでもやります」じゃなくて、「自分はこういうことがやりたいから、こんな形であなたのお役に立てます」という提案もできるようになるんだよね。

そのためにも、少しずつでいいので自分が何をしたらうれしい気持ちになるのか、注意深く観察しておこう。

そして、うれしいと思うものをどんどん磨いていくんだ。

どんなにすごい人でも、すべての分野ですごくできるわけではない。苦手な分野は必ずある。

もしも自分の大好きな分野を、尊敬する人が苦手だとしたら、大チャンスだ。

喜びながら提供している姿を見たら、どんなすごい人でもあなたを放っておかないだろう。

喜んでいる姿を見せることが最大のお返し

和平さんから金のメダルをもらって、僕が考えたのは「お返しをしたい」ということだった。どんなお返しをしようかなど考えたんだけれど、これがなかなか難しい。だって、和平さんくらいの大金持ちになると、モノをもらってうれしいということはないはず。何でも買えるんだから。


そもそも、和平さんはなんで、これを僕にくれたんだろう。僕は考えた。

そりゃ、喜ばせたいからだよな。

和平さんは、僕を喜ばせたいんだ。

……だったら、喜んでいるってことをちゃんと伝えればいいんだろうな。


そんなふうに考えた僕は、すぐにたくさんの友達を家に招いて、金メダルを見せた。

「この金メダルは純金でできていて、日本一の大投資家からいただいたものだ。みんな触りたいだろう？　持たせてあげるよ！」

なんていうと、水戸黄門の印籠でも見たかのように、みんなが驚くんだ。そしてすごい笑顔で金メダルを持って、「これを持ったら、ものすごくいいことがありそうだ！」と大喜び。

金メダルには腹巻きもセットになっていた。和平さんはいつも、この金メダルをお腹に巻いているらしい。

「和平さんにもらったメダルを腹巻きで身につけていたら、どんどん出世して社長になってしまった人もいるらしいですよ」と、トキちゃんが教えてくれた。

だから僕は、メダルを見せるついでに、友達にもメダル入り腹巻きを巻いてもらった。

何しろ純金のメダルなんて見るのも触るのもはじめてだ。もちろん、僕だってはじめてだ。

しかも、それを腹巻きで身につけるという新鮮すぎる体験。

みんなテンションが上がる上がる。当然、満面の笑顔になる。

みんなの笑顔を、僕は写真に撮った。

その数、30人。

僕は、30人分の笑顔の写真をお礼状に添えて、和平さんに送った。


メダルをもらった僕が喜んで、笑顔になったのは当然だ。それをまず知らせたい。けれど、和平さんは投資家だ。

きっと、「配当」がいっぱいついたら喜ぶんじゃないかと思って、僕なりに「30倍返し」にする方法を考えたんだ。


和平さんからは、すぐに返事がきた。

手紙には、「今までいろいろな人にメダルを贈ったが、あなた以上に喜んだ人はいません」と書いてあった。

さらに驚いたのは、僕のことを「長年追い求めていた後継者に違いありません」とも書いてあった。

「こ、後継者？」とびっくりしたけれど、和平さんが喜んでくれたのがわかったので、僕は安心した。いや、安心していなかったな。ビビっていた（笑）。

和平さんと寝食をともにして、いろいろなことを勉強させてもらうようになったのは、それからだ。

「熱くなれない」のは、下心を否定するから

「この人に会いたい」と思って、行動する。

誰かを喜ばせるために、工夫したり努力したりする。

出会いのチャンスを増やすために、活動的になる。

そもそも、そういうのが苦手だっていう人もいるかもしれない。

「晃一さんみたいな熱量は私にはないから……」

という人も、実際いる。


熱量が足りなくて動けない、熱くなれる何かが見つからない。たしかに悩むところだよね。

そういう人に、「とりあえず行動しろ、そうすりゃ熱くなれるものは見つかる」というのも間違いではないと思うけど、僕はちょっと違うことをいいたいんだ。


唐突だけど、オーストラリアへ旅する前にバイトしていたレンタカー屋での話、バイト先で後輩だったイワノくんのエピソードを紹介させて欲しい。

イワノくんは、よくバイトに遅刻してきた。

「どうしたの？」

と聞くと、答えは決まっていて、

「昨日会った女の子と、朝までよろしくやっちゃって……」

という。

それが何回も続くから、あるとき僕は聞いてみた。

「お前さ、前から聞きたいと思ってたんだけど……どうやってそんなに女の子とよろしくやってるわけ?」

するとイワノくん、「本田さん、それは簡単ですよ」という。

「街で声をかけた女の子に、『やらせてください!』って土下座するんです」

「え、マジで? ……お前、よくそんなことできるな」

「いやいや、だってみんな、何回もデートしたり、プレゼントを選んだり、おしゃれなレストランを調べて予約したり、すごい努力してるじゃないですか。それよりも会った日に道端で土下座したほうが絶対早いですって。だいたい土下座でいけます」

「……」

さすがに絶句して、「俺には無理だ」と思ったのはいうまでもない。

もちろん、イワノメソッドを真似しましょう、というつもりもない。

でも、イワノくんからは間違いなく学ぶべきところがある。

それは、自分の下心を否定していないところだ。

結局みんなそれが目的なのに、普通は下心を隠す。

イワノくんは潔く下心を表明する。で、うまくいっているわけだ。

下心は、本来は行動の原動力になるものだ。下心があるからがんばれるんだよね。でも、下心は表に出してはいけないものとされている。だから隠す。隠すということは、「恥ずかしいもの」「よくないもの」として否定することにつながる。否定された下心はパワーダウンする。エンジンが弱くなってしまったら、行動できなくなる。

熱くなれない人、熱量が足りない人は、こうやって下心を否定することで、自分のパワーを下げてしまっているんだ。

僕は、和平さんにも正直に「儲け話を聞けると思ってきました」といった。「帰りはボックス席をとろうと思っていた」話もした。

下心を隠しても、どうせバレる。素直に認めてしまったほうが潔い。そして、自分のモチベーションを否定しなくてすむ。それは、和平さん以外の人に対しても同じだ。

あれはイワノイズムだったんだなあ、と今ではわかる。

あのとき、イワノイズムを学んでいたはずなのに、その数年後に訪れたアデレードのストリップ小屋でモジモジしてしまった自分が悔やまれる……（１３８ページ参照）

THE GAME

KEY NOTE 20

いつも「世のため、人のため」を考えている人、大志のある人っていうのは、下心がないわけじゃないいんだよ。

たとえばビジネスを、自分の儲けのためだけにやると100万円のお金が入ってくるとする。
じゃあ、「世のため人のためになるようなビジネスをやろう」って考えて行動すると、どうなるか?

1億円とか、100億円とかのお金が入ってくるようになるのさ。
つまり、より大きな下心が満たされる。

大志を持っている人は、そのことを知っている。
だから「世のため人のため」といつも本気で思っている。
それは下心を抑えているんじゃなくて、ちゃんと自分の下心を認めて、尊重している。

情熱を失ってしまっている人、「自分は熱量が足りないいな」って感じている人、やりたいことがわからない人……そういう人って、自分の下心を抑えてしまっているんだよね。

まずは、下心を尊重してあげよう。
どうしてもためらうときには、下心を全開にして生きているイワノくんを思い出してみて。

イワノくんを見習うのがイヤだという人は（笑）、赤ちゃんに戻ってみよう。

赤ちゃんに下心はない。そもそも、シンプルに欲求を丸出しにして生きているから。

何も隠していない。だからこそ、元気で、誰からも愛されている。それが赤ちゃん。


といっても、いきなり赤ちゃんみたいにむき出しにして生きるのは難しい。

まずは、うれしいときには赤ちゃんのように、全力で喜べるようになろう。

赤ちゃんが喜ぶだけでみんながハッピーになる。

自分がそんな存在だったころのことを思い出してみるだけでも、マインドは変わってくるはずだ。

財布がでかい人の考え方

和平さんと一緒にいるようになって学んだことは、意外にもというかやっぱりというか、「大事なのはお金じゃないんだな」ということだった。

もともと、儲かる株の銘柄を教えてもらえるかも……という期待で会いにいったくらいだから、僕もまだまだお金方面の下心が山盛りだったんだ。よくいえば情熱的だよね(笑)。

当然、幸せに暮らすためには、お金がある程度、必要だということも知っている。

でも、和平さんと会って、「金、金、金!」みたいなモードはなくなった。お金は大事といえば大事だけど、「意外と、みんなが思っているほどは大事じゃない」と気づいたんだ。

和平さんは、日本でも指折りのお金持ちなのに、普段はコンビニのおにぎりなんかをおいしそうに食べている。

気に入った伝統工芸の織物があって、もちろんそれなりの値段がするものなんだけれど、これは惜しみなくどんどん買う。でも、贅沢がしたいわけじゃなくて、「自分が買い支えないと、この伝統技術が失われてしまう。だから、『旦那』の役割として、買う」という。

これに限らず、お金の使い方がとにかくかっこいい。

たとえば、和平さんは自分と同じ誕生日の赤ちゃんに、僕がもらったのと同じ金のメダルを贈る。

「和平さん、どうして赤ちゃんに金のメダルをあげるんですか?」と聞くと、「じゃあ、こーちゃんは赤ちゃんのときに金のメダルをもらえたらどう思う？」と聞き返してきた。

「そりゃ、ツイてると思いますよ」

「お父さんお母さんはどう思う？」

「うちはツイてる一族だなって思うんじゃないですか」

「じゃあ、その赤ちゃんがそのままハタチになったら？」

「俺はツイてるなあ、って思う大人になるんじゃないですか」

「そう。これほど面白い投資は他にあるがね？」

そういって、和平さんは愉快そうに笑っている。

僕は驚いた。投資って、自分の利益のためにやるものだと思っていたから。他人の幸せな人生に役立つようにお金を出す。それが最高に面白い投資だという考え方にびっくりしたんだ。

そんなふうにして、和平さんは自分のためじゃなく、誰かのためになるようなお金の使い方をしていた。お金を払って、それが流れていった先のことまで考えて使っていたんだ。


普通の人は、お金が自分の財布の中にあるときしか気にしていない。

でも、和平さんは違う。自分の財布から出ていった先でお金がどう生きるかを考えている。

いや、別の見方をすると、世の中全体まで自分の財布が広がっているのかもしれない。

財布がでかい。和平さんの財布は、普通の人よりずっとでかいんだ。それは、たくさんお金を持っているのとは別のことなんだ。

あげればあげるほど返ってくる

和平さんは、こんなこともいっていた。

「みんな、あげればあげるほど返ってくることを知らんだけだがね」

これを聞いて、失礼ながらも僕は「和平さんも意外とスケベなんだなあ」と思って、いっそう親しみが湧いたのを覚えている。

和平さんは別に欲がないわけじゃなかった。

ただの気前のいいおじいさんじゃなかった。

やっぱり投資にリターンがあるのがうれしいんだ。

でも、「あげればあげるほど返ってくる」という下心があるからこそ、どんどん人のためにお金を使えるわけだ。

別に無理をしていい人ぶっているわけじゃないし、自分を偽っているわけでもない。

和平さんのいう「徳」の意味が、僕にも少しずつわかってきた。

もちろんこの話を聞いた瞬間に「僕も金をプレゼントしよう」とは思えなかった。だけど、何かしら自分からあげてみよう。どんどんあげてみよう。そうすれば、いっぱい返ってくるのかも……。そんなふうに思ったんだ。

何せ日本一の投資家がいっている話だ。リターンは確実だろう。

僕の下心は、こうしてアップデートされていった。

そして、どんな与え方がいいのか？　どんな心がけをしたらよりたくさんリターンがあるのか？　そんなことを意識するようになったんだ。

徳を学ぶきっかけも、僕の場合は下心がベースになっていたんだ。

誰でも、お金を受けとって、受けとったお金を誰かに渡して、生活している。
自分が持っているお金は、どこからきたかイメージしてみよう。

これは、会社から給料としてもらったお金だ。
じゃあ、会社はどこからお金を受けとったんだろう？
お客さんからだ。お客さんはどんな人？　お客さんも会社かもしれない。どんな会社？
じゃあ、お客さんはどうやってお金を手に入れたんだろう？
やっぱり、お客さんから受けとっているはずだ。
じゃあ、お客さんのお客さんはどんな人だろう……。

次は反対方向。自分が払ったお金はどこにいくだろう？
レストランで払ったお金は、サービスしてくれたウェイターのお兄さんの給料になる。
お兄さんはどこでお金を使うだろうか？
休日にデートをするんだろうか。映画のチケットを買うんだろうか。
じゃあ、そのお金はどうなる？
映画館のスタッフの給料になる。映画の配給会社に支払われる分もある……。
「あの人はお金の流れが見えている」といういい方があるよね。

すごいビジネスセンスがあって、次々と事業を成功させる人なんかがそういわれる。

実は、お金の流れが見えるようになる訓練は簡単なんだ。

今いったように、自分を通り過ぎていくお金の流れ、その上流と下流をイメージしてみる。

想像でいいから、ちょっとずつイメージできる範囲を広くしていく。ストレッチみたいなものだと思えばいい。

これを繰り返していると、だんだんお金の流れが見えるようになってくる。

そして、いつのまにか、財布のでかい人になっているのさ。

話が来る時点で、実力は十分

ある日、本田健さんが
「こーちゃん、そろそろ和平さんの本を出したら？」
といってきたんだ。
そして、すぐに健さんは、出版社の社長を紹介してくれた。

和平さんにその話をしたら、とても喜んでくださって。今度は和平さんが、「本田健さんと出版社の社長さんと一緒に、温泉宿にご招待をしたい」といってきたんだ。

そんな具合にとんとん拍子に話はまとまり、和平さん、健さん、フォレスト出版の太田宏社長、そして僕の４人で、三重のナガシマスパーランドに集まって、本を書く決起大会のようなものが開かれた。

最高級の宿で、とても美味しいごちそうをたらふくごちそうしてくださったあと、「じゃあ、こーちゃん頼んだよ！」と、和平さんが満面の笑顔で僕におっしゃったんだ。

ナガシマスパーランドにて。
左から、太田社長、僕、健さん、和平さん。

その瞬間、心が一気に重くなった。

正直にいって、これはとんでもないプレッシャーだった。

それ以前に、僕は1冊だけ本を書いたことがあったけれど、はっきりいって著者としては駆け出しもいいところだ。しかも、書いたのは10年前だったから、ブランクもあった。

ベストセラー作家の健さんが話を持ってきてくれて、担当編集者は出版社の社長で、なおかつ日本一の投資家・竹田和平の本。

それを僕が書く。

「絶対に失敗できない」と僕が思ったのは、理解してもらえると思う。

「本当に俺に書けるのか？」と不安になってしまったのも。

この本を書くには結局8ヶ月かかったんだけれど、そのほとんどは「どうしよう……」とブルーになって手が動かないという状態だった。


このとき、助けてもらったのが、50ページで、「人は長所で尊敬され、短所で愛される」という言葉を教えてくれた作家のひすいこたろうさんだった。

ちょうどこのとき、ひすいさんは丹葉暁弥さんという日本を代表する自然写真家と一緒に本を作っていた。丹葉さんが撮ったシロクマの写真に、ひすいさんがコピーをつけるというコラボレーションだ。

ひすいさんがとても楽しそうにその仕事の話をしているので、僕は不思議に思って質問した。

「でも、そんなすごい写真家の作品に自分の文章をつけるってプレッシャーはないんですか？　僕だったら超プレッシャーなんですけど」

するとひすいさんは相変わらず楽しそうに答えた。

「いや、出版社から話がくる時点で、『今の実力で十分』っていわれてるってことだから。あとはどれだけ楽しんで書けるかなんですよ。自分も最後までどうなるかわからないまま書いてるんです」

ひすいさんの話で、僕は「そうか、背伸びしなくていいんだ」と思えた。だいぶ気がラクになった。

同じ時期に、コーチングの専門家である平本あきおさんにも会った。平本さんは、メジャーリーガーやオリンピックの金メダリスト、経営者なんかにもコーチングをしている。いわば、やる気を引き出すプロだ。

喫茶店で、「和平さんの本がなかなか書けなくて」という話をしたら、平本さんは空いている椅子を指さした。

「じゃ、こーちゃんここに座って。で、向かいの席に和平さんがいると思ってしゃべって」という。

いわれた通り、僕は「和平さん、ちょっとプレッシャーで書けな

喫茶店でコーチングをしてくれた直後の平本さん。
平本さんと同じくらい僕も笑顔になった。

いです……」と思っていたことを話す。

するとと平本さんは、「オッケー。じゃあ今度はこっちの椅子に座って、和平さん役をやってね。和平さんだったらこーちゃんになんていう？」

僕は席を移って、目の前にいる「自分」にいうことを考える。

「うーん……『いや、こーちゃんが書いてくれたら何でもうれしいがね！』……っていうな、和平さんなら」

平本さんが喫茶店で、即席でやってくれたセッション。おかげで、僕の心はまた少し軽くなった。


それまで、なかなか書けなくて苦しんでいた間、僕は友達と延々とチャットをしていた。

「書けない！」

「現実逃避をしてポテチ1袋食べちゃった」

「まったく原稿が進まないー」

というやりとりを、チャットで何万字分もしていたんだ。

ひすいさんと平本さんのおかげでふっと心が軽くなって、僕は気づいた。

書けない、書けないと苦しんでいるけれど、チャットではこんなに書いてるじゃないか。

じゃあ、原稿も同じようにして書けばいい。

和平さんの本ができたら、一番読んで欲しいのは、いつも僕のセミナーにきてくれている人たちだ。その人たちに向けて、まるでチャットをするように書いていこう。

セミナー受講者さん向けのFacebookページで、僕はお願いした。

「これから僕が原稿を書いていくから、リアクションして欲しい。面白かったら『面白い！』って。詰まっちゃってたら『がんばれ！』って書き込んで。わかりにくいところがあったら質問して」

書きはじめたら、みんなからのコメントがどんどんきた。質問もどっさりきた。それに答えていると、どんどん文字数が増えていった。

3日後、僕はほとんど寝ずに書き続けていたことに気づいた。

ついでに、原稿がほとんど出来上がっていることにも。

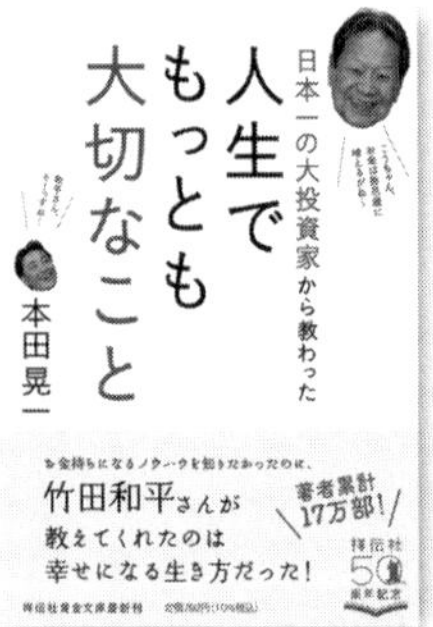

『日本一の大投資家から教わった
人生でもっとも大切なこと』(祥伝社黄金文庫)

和平さんに本の感想を届けたときの2ショット。

THE GAME

KEY NOTE 22

自分よりも他人のほうが、シビアに実力を見ていることが多い。

だから、誰かが自分に仕事を頼んでくれたとしたら、それに見合う力は必ずある、と思っていい。


本文では、僕がひすいさんに自信をもらった話をしたけど、実はまったく逆の立場だったこともあったんだ。

ひすいさんが会社をやめて作家専業になるかどうかで迷っていたとき、ひすいさんの圧倒的な文章力とセンスを知っていたので、「絶対独立すべきだ」っていってしまったんだ。

で、実際、独立後はさらにベストセラー作家として大活躍されているのは周知の通り。


どんな優秀な人でも、人は自分のことはわからないし、特に日本人は自信がないのが普通だということ。

でも、「自信のなさ」を受け入れるより、自信を受け入れるほうが人生はずっとスムーズに進むってことをおぼえておいて欲しいんだよね。


というわけで、自信を受け入れるための方法をひとつ、紹介しておこう。

自分のことはよくわからない。他人のほうがよく見える。

それなら他人の目で自分を見てみよう。

目の前に椅子を置いて、そこに座っている自分をイメージしよう。

その向かいに座っているあなたは、いつも自分を励ましてくれる友達や家族、上司や先輩……などなどになりきってみよう。

そして、その人だったら、目の前の「自分」にどんな声をかけるかを考えてみよう。

実際に言葉を口に出してみよう。

心屋仁之助さんと出会う

苦しみながらも、なんとか和平さんの本を書き上げることができたのは、その少し前に、心理カウンセラーの心屋仁之助さん（現在はJin佐伯仁志さん）と知り合っていたおかげでもあると、今になって思う。

きっかけは、テレビ番組に出ていた心屋さんを見たこと。

僕はこれまでたくさんの心理カウンセラーに会ってきた。自分自身がセッションを受けたこともある。

心理学の専門家ではないけれど、いろいろな人から悩みを相談されることが多々あった。それを癒やす手伝いを自分なりにしてもきた。

カウンセリングといっても「癒やし」といってもいいけれど、いずれにしても、人の心の問題を解決するには、安全な場所が必要だ。その人が何をいっても許されるし、秘密も確実に守られる、という場所を用意するのが基本だ。

と、僕はそれまで思っていた。

ところが、心屋さんはテレビ番組で、カメラを通して百万人レベルの人が見守る中で、出演者の心の傷を癒やしていた。

「これはすごい！」と僕は思った。

正直にいうと、「これだ！　こんな感じでやれば、効率よくもう一儲けできる！」と下心全開で思ったんだよね。でも、それはより多くの人の役に立つことができるということでもある。

そして、例によって「この人と仲よくなろう」と決意した。で、「心屋さんと仲よくなる」と速攻で紙に書いた。

目標を紙に書くのは有効なのかどうかについては、議論がある。

僕は、「よくわからないけど、なんとなく効くな」と思っている。

30歳のときに、犬飼ターボくんという友達ができた。僕と同い年で、当時は英会話スクールのマーケティングで大成功していた。

彼の作ったホームページを見たとき、同じネットマーケティングの専門家としてうならざるを得なかった。「これは、クリックして申し込んじゃうな」という仕掛けが天才的なんだ。

そのときも、速攻で「このホームページを作った人（犬飼ターボ）と一緒にビジネスをする」と紙に書いた。まずは彼の英会話スクールに生徒として入るところからはじめて、営業担当者さんに「経営者に会わせてくれ」と伝えた（僕も営業出身なので、営業マンにお願いをして動いてもらうのはお手の物だ）。

そんなこんなで、結局、ターボくんとは超仲よくなることができた。

僕もターボくんも、「成功しても幸せになれるとは限らない。心を勉強しないと幸せにはなれないんじゃないか？」と模索していたころだったので、一緒にカウンセリングの技術を学び合い、人間の心の仕組みを深く学ぶことができたんだ。

人は〝自分と自分〟が仲よくできないことが多々ある。

すると他者とも仲よくできない。

自分との関わり方が、他者との関わり方に深くリンクしている。

そんなことを理解しはじめたのは、まさにこのころだった。

「もしかしたら、自分自身と仲直りすることができれば、世界平和につながっていくのでは？そのくらい連動しているのかもしれない」

そんな大それたことを思いついたのも、ターボくんと時間を過ごしているときだった。

ターボくんも心の仕組みを深く理解し、今は、人と人が深くつながることができる教えを広めている。

そんなターボくんは、様々な場面でとても助けてもらっている恩人のひとりである。

運命というのは面白いものだと思う。

「心屋さんと仲よくなる」と紙に書いた3日後か4日後。その犬飼ターボくんがFacebookに投稿していたんだ。

「心屋仁之助さんと隣の部屋でセミナーをやっています」って。

ただちにターボくんに電話をかけて、「心屋さんに紹介して！」と頼んだのはいうまでもない。

犬飼ターボくんと。なぜかすごく楽しそう（笑）。

KEY NOTE 23

自由人・高橋歩くんがこんなことをいっていた。

「目標や夢って、頭の中にあってモヤモヤした気体みたいなもんだよね。だけど紙に書いた瞬間、固体化する。現実としてそこにあるって状態になるんだ。

だから書くって作業は、現実化させるための第一歩だと思うんだよな」

これを聞いて、なんて的確に表現するんだ！　と感動してさ。

だからやっぱり書くことって偉大だと思うんだ。

紙に書く習慣を持つと、ある変化に気づくようになる。

それは生きる上で情熱的に楽しくなるということだ。

何かやりたいことを思いついたらすぐ紙に書く。「心屋さんと仲よくなる」みたいに。

大事なのは、気持ちが動いたら、その瞬間に書くこと。書くのはチラシの裏でもかまわない。

書いた紙はとっておいてもいいけど、僕の場合はたいてい、どっかにいっちゃう。昔は、目標を書いたときには壁に貼ったこともある。けど、恥ずかしいので最近はやらない（笑）。

本当に、思いついた瞬間にそのへんの紙に書くだけ、なんだよね。

「それで意味あるの？」と思われるかもしれない。でも、これが大事なんだ。

何かをやりたいと思ったり、何かを欲しいと思ったりする。つまり、自分の心が動く。それをすぐに書きとめる。

これって、「やりたい！」という心の声に「なになに？　やりたいの？」ってちゃんとリアクションしてあげる、ってことなのさ。


話しかけても無視し続けられた人は、声を出さなくなっちゃうよね。それは自分の心も同じ。心がせっかく「やりたい！」って声を出しているのに、無視したらかわいそうだ。

やりたいことがわからなくなったり、意欲が湧かなくなったりしているとしたら、それは心の声を長年無視し続けたせいかもしれないよ。

だから、まずは心の声にちゃんとリアクションするクセをつけよう。

何かやりたいことを思いついたらすぐ紙に書こう、というのは、そういう意味なんだ。

なんだったら、この本の空いたスペースに書いたっていい。

そうすれば落書きされた本としてブックオフで下取りできなくなるから。ふふふ。

「つい、教えたくなる人」になるコツ

1ヶ月後、ターボくんがセッティングしてくれて、僕は心屋さんと会うことになった。

心屋さんと会う前に、僕はちょっとした準備をしていた。

まず、これまでに心屋さんが出した本を全部読む。

古いものから最新刊まで順番に読んでいくと、わかることがある。

今、心屋さんの中で一番熱いテーマ、一番語りたいことが見えてくるんだ。


心屋さんと会った僕は、予習してきたことなんかおくびにも出さず、ちょうど心屋さんの中でマイブームになっているそのテーマについての質問をぶつけた。

「実は最近、こんなことが悩みでして……」

すると、心屋さんは嬉々として話しはじめた。

そりゃそうだよね。今一番、語りたいテーマなんだから。

もう、しゃべるしゃべる。初対面なのに、8時間にわたって僕たちは話し続けた。ターボくんは途中で帰ってしまったけれど、それでも僕らは話し続けた。

こうして、心屋さんは、僕に大切なことを山ほど教えてくれる師匠のひとりになった。

ターボくんに心屋さんを紹介してもらった日。

自信は積み上げてはいけない

普通、自信というのは積み上げるものだと思われている。

実績を上げるたび、何かを達成するたび、「こんなことができた！」「自分はできる！」という自信が、ひとつひとつ積み上がっていくんだと。

僕もそう思っていた。

実は、そうじゃないんだよ、というのが、心屋さんから学んだ一番大きなことだった。

心屋さんは、「積み上げたものは必ず崩れる」と考える。

だから、積み上げた自信も、いつか必ず崩れる。

いつか崩れてしまう自信は、本当の自信じゃない。

じゃあ、どうしたらいいんだろう？

「最低の自分にOKを出せたら、絶対崩れない自信になる」というのが心屋さんの答えだ。

ブレイクする前に、心屋さんは考え方を大きく変えたという。

「自分は素晴らしいということにした。それは『自分のここがすごい、だから素晴らしい』じゃなくて、全然できていない、最低だと思っている底辺の部分を素晴らしいということにした」

何かができた自分に自信を持つんじゃなく、最低の自分を認めるからこそ、本当の自信になる。揺らがない自信になる、ということだ。

「積み上げた自信は崩れる。

積み上げていない自信は崩れない。
自分の中の底辺だという部分を素晴らしいということにする。
すると、底辺の部分が自信になる。その自信は崩れない」
これが、心屋さんにとっての自信なんだ。

愛される人の考え方

はじめて会った日に、心屋さんはこんなこともいっていた。

「こーちゃん、『愛とお金を受けとる』ってわかる?」

「どういうことですか?」

「あんなー、武道館て、1万人、入るやろ?」

「はあ」

「こーちゃんの誕生日に、1万人のファンが集まって、『こーちゃんおめでとう!!』っていって、ひとり1万円ずつ持ってきたら1億やろ?」

「……? はあ」

「それ持って、『じゃっ!』っていって帰ったら、1億円やん。お礼とか何かしてあげなくちゃって気持ちが出てくるかもしれないけど、ただ受けとって帰るんや。それが受けとるってことなんや」


正直、「何いってるんだ、この人は?」と思った。

でも、これが心屋さんのいう「最低の自分にOKを出す」ということであり、本当の自信なんだ。

普通の人は、何かができる自分が、何かをやった見返りとしてお金やモノや称賛を受けとれると思っている。

つまり、何もできない最低の自分が何かを受けとることに許可を出せていない。

そうじゃなく、何もできなくても、自分が自分であるというだけで人から愛されることを「よし」とできる。これが本当の自信なんだ。

それから数年後、心屋さんは本当に、武道館に自分のファンを集めてしまった。武道館ライブを開いたんだ。

10年前までは、佐川急便に勤めるサラリーマンだった。「若いころ、ジャニーズに所属していました」とかではない。

ピアノも披露していたけど、はじめて8ヶ月といっていた。「マジかよ!? 全国のピアニストに謝れ！」とか突っ込みを入れさせてもらったけどさ。

僕だったら、「自分なんかが武道館に立っていいんだろうか」とプレッシャーを感じると思う。プレッシャーを乗り越えるために、必死で練習する。

ところが、ライブの前夜、心屋さんはのんきに焼き肉を食べていた。

「明日、武道館でライブだよね？　練習しなくていいの？」

「練習したら疲れてしまうがな」

「マジかよ……フツーはじめての武道館ならもっと緊張して練習し

武道館ライブの前夜、焼肉屋にて。

ようかなとか寝られないとか思うもんじゃない？」

「思わないんやなぁ」

「思えよ！　全国のアーティストに謝れ！」


なんで緊張しないのか、と聞くと、「別にみんな、僕のすごいプレイを観にきてるんじゃない。僕に会えただけでうれしいと思ってるから」という。

「マジかよ。ホントにそこまで思えるってすげーな」と僕は思った。


そして迎えたライブ当日。

武道館に集まった6000人のお客さんを見て、僕は震えた。

本当にみんな、そこにいるだけで喜んでいたから。

一番遠い席の人からは、心屋さんは豆粒くらいの大きさにしか見えない。

でも、「ギャーー！！」と歓声を上げて、本気で喜んでいる。

これが心屋さんのいっていたことなんだなあと、僕は納得した。

間違いなく心屋さんは、何かができるからじゃなく、そこにいるだけで愛されている。

そしてそれは、心屋さんが「それでいい」と自分に許可を出した

武道館で6000人のお客さんの前で歌う心屋さん。

からなんだ。

それまでの僕は、自分のセミナーにきてくれるお客さんに対して、「きてくれたからには、これくらいの価値をお返ししないといけない」という考え方をしていたと思う。

「今日は四国から夜行バスできました！」なんていう人がいると、「申しわけないな」と思ったり。それに見合う価値を自分は与えられるだろうか、と心配になったり。

でも、心屋さん流に考えると、それも違う解釈になる。

「こーちゃんさあ、たとえばその子が、四国から東京まで嵐のコンサートにきたとしたら、夜行バスに乗るときはどんな気持ち？」

「そりゃあ、テンションマックスでしょ」

「せやろ。じゃあバスが東京に着いたときは？」

「もう鼻血が出るくらいテンションマックスだろうね」

「せやろせやろ。それと同じやね」

「は？」

「もう、こーちゃんに会えると思っただけで、バスに乗ったときからテンションマックス。嵐と一緒やねん」

「……」

「じゃあ、こーちゃんも嵐だったとしたら、夜行バスできた子になんていう？」

「うーん、『テンションマックスだったでしょ?』っていう」

「せや!」

心屋さんにそういわれると、そんな気もするけれど、一方で「俺は嵐じゃないよな……」とも思った。

でも、次に講演会で「遠くから深夜バスで来ました」という人に会ったとき、「テンションマックスだったでしょ?」と聞いてみると、やっぱりうれしそうに「うん、テンションマックス!」って答えてくれたんだよね。

心の中では「えっと……僕は嵐じゃないです。ただのおじさんです。ホントすみません」って冷や汗たらたらだったんだけどね。

でも、そんな経験の積み重ねが大切だな、と思う。

最初からできてなくてもいいんだ。


こんなことを何度か経験しながら、僕も徐々に自分に「許可」を出していけた。

そして、「自分はすごい努力をしなければ、受け入れてもらえない」という思いこみが、実は間違いだったと気づくことができたんだ。


この思いこみから解放されると、「ああ、みんな僕に会えるだけで嬉しいんだね。照れるけど、僕も嬉しいよ。嬉しいからもっと喜ばせたい!」という、喜びからの行動に変わるんだ。

心屋さんの武道館ライブを見て、鳥肌が立ってしまった僕。

その後、心屋さんのような体験をしたいという一心で、４５０人の講演会会場を満席にして、サプライズでサックスを吹きながら登場したんだ。

まさに、鳥肌が立ったらＧＯ！


20年ぶりに再開したサックス。練習はわずか6週間。

でも、ビリビリ痺れるほど感動したよ。

大勢の前で吹くサックスは、決して上手ではなかったけど、吹きながら鳥肌が立ちまくるほど、感動できたし、お客さんたちも喜んでくれた。


それまでの僕は、「がんばってもがんばってもお客さんを喜ばすことができない」という恐怖心を、いつもどこかで抱えていたんだけど、「何をやっても愛されてる！　みんな大好きだ！　愛してる!!」という、今までとは正反対の世界を知ることができたんだ。

450人の前でサックス演奏。観にきてくれた心屋さんと2ショット。

「最低な自分にOKを出そう！　……って、いわれてもなぁ」

きっと、そう思う人は多いだろうね。

「自分が嵐だとしたら」も、そう。

「……いや、それはやっぱり無理だわ」って思う人のほうが多数派だよね（笑）。

「心屋さん、いい加減なこというなあ」って感じるかもしれない。


でも、そうじゃないんだよ。

最低な自分は、やっぱり素敵だとは思えないし、自分は嵐と同じくらい愛されているなんて思えない。それが普通だってことは、心屋さんもわかっている（はず）。

だけど、その上で、

「最低の自分が素晴らしい……ってことにする」

「自分は嵐と同じくらい愛されていい……ってことにする」

そう思えるかどうかは関係ない。そういうことにする、これが大事。


これも心屋さんに教わったたとえ話なんだけど。

車を買うとき、ローンを組むよね。

実際には、全然お金は持っていない。でも、あたかもお金を払ったかのように、車を持てるのがローンという仕組みだよね。もちろん、そのあとで、少しずつお金を払っていくからこそ、本当に自分のものになるんだけど。

大事なことは、「そういうことにする」で、変化を先どりできるってこと。

だから、とりあえず、最低の自分、愛される自分を「受け入れたこと」にしてみよう。

そうすると、少しずつだけれど、自分に許可を出せるように実際なっていくんだよね。

たとえば、ロールプレイングゲームをはじめるときは「自分は勇者で、ボスを倒し、お姫様を助けるんだ」みたいな絶対的な設定があるよね？

最初は武器も持っていない、何もないダメな自分なのに、その設定は疑わず、ゲームをスタートしている。

人生も同じなんだよね。

設定があれば、その後の選択も出会いもすべてが変わるのさ。

THE GAME

7

新世界の章

結婚は「幸せにしてもらおう」設定が正解

30代半ばになって、僕はまだ独身だった。

別にそのことがコンプレックスだったわけではない。

結婚するかしないか、いつするか、なんて人それぞれだから。

結婚したいなという気持ちはあった。でも、結婚していない。その理由はなんとなくわかっていた。

それは、結婚して幸せになる自分をイメージできていないからだ。

オーストラリアで幸せそうな老夫婦を見て、「自分もああなれたらいいな」と憧れは抱いた。にもかかわらず、やっぱり「自分が結婚する」と考えるとリアルに幸福をイメージできない。

そのことは、なんとなく気になってはいた。


和平さんのところに遊びにいっているとき、こんなことがあった。

和平さんは家がふたつある。本宅と、事務所のすぐ近くにあるマンションだ。仕事が遅くなったときは、マンションのほうに泊まる。

僕やお弟子さんたちが遊びにきたときも、ちょっとした合宿所のようにこのマンションを利用する。

和平さんのところに遊びにいくと、楽しいのでつい、1泊が2泊に、2泊が3泊になってしまう。もちろん、和平さんも僕ら若い者と一緒にいるのを楽しんでいる。

でも、大体3泊目になると、和平さんは決まっていい出すんだ。

「家内がさみしがっとるで、帰るでよ」

僕たちは知っていた。

さみしがっているのは絶対、和平さんの方だと。奥さんのところに帰りたいんだよね。

そんな和平さんを見ていて、「あ、結婚っていいかも」「結婚しようかな」と僕は思うようになった。


そこから、「あれ？ もしかして結婚って、いいのかも」と少しだけ思えるようになってきた。そう、少しずつ結婚に対してのイメージがよくなってきたんだ。

それから僕は、結婚して幸せになっている人をもっとたくさん観察することにした。

幸せな結婚生活をしている人に触れ、「結婚って幸せなんだな」と疑似体験を増やすことによって、結婚というものがポジティブなイメージに変化していく。すると、僕の重たい腰が上がるようになっていくんだ。

行動的になるときって、いつもイメージがよくなった瞬間なんだよね。

新婚カップルが幸せそうなのは当たり前だけれど、結婚したあとも年々仲よくなっていくような、理想的な家庭を築いている友達が何人かいた。

そういう家庭に遊びにいって、主に奥さんのいいところを見つけるようにしたんだ。

奥さんに注目したのは、和平さんが「わしがうまくいっているのは、妻のおかげ」といつもいっていたからだ。

つまり、和平さんは奥さんに幸せにしてもらっている。

これまでの僕はというと（これは男にありがちだと思うんだけど）、「相手を幸せにしよう」という発想で女性と付き合うことが多かった。

そこは逆転の発想で、「奥さんに幸せにしてもらおう」にしてみたんだ。

今までは、どうにかして相手の人を幸せにしようって変に力んでいたんだけど、なんだか空まわりしていた。ある意味、がんばらないと釣り合わないようなパートナーシップを作ろうとしていたんだよね。

だから僕は、発想を変えた。


誰と結婚したら幸せになれるのか。

僕を幸せにしてくれるのは、どういう女性なのか。

僕は「理想の奥さん」の条件を紙に書き出した。

結婚してから明らかに幸せになった友達の家を訪ね歩いては、その奥さんのいいところをリスト化していった。

僕もこのリストに当てはまる女性と一緒になれたら、幸せになれるということ。

そんな魔法の地図のようなリストを手にし、新しい設定で、結婚を考えはじめたというわけだ。

そんなときに出会ったのが、今の奥さんだった。

KEY NOTE 25

僕は、ずっとヒーローになりたいと思っていた。

ヒーローになりたいからこそ、オーストラリアを自転車で一周しようと思ったし。

仕事をがんばれた理由のひとつも、それだったのかもしれない。


じゃあ、なんでヒーローになりたかったのか？　というと、

「すごい存在にならないと愛されない」

「特別なことをしないと愛されない」

と思いこんでしまっていたから、なんだよね。そして自分のことが好きではなかったので、すごいことをした自分なら好きになれると思っていたんだ。


赤ちゃんは何もできないけど愛されるし、犬や猫だって、芸ができなくても愛される。

当たり前のことなのに、いつのまにか忘れてしまうんだ。

「自分は愛されて当たり前だ」ということを。


結婚したら、相手を幸せにしてあげなきゃ、というのもよく似た思いこみだ。

結婚して、がんばって、相手を幸せにしたら、その何割分かがバックされて（笑）、自分も幸せにしてもらえるという謎の取引をしていたんだよね。心の中で、勝手に。

幸せな夫婦を見ていて気づいたのは、逆だということ。

どんな僕でも愛されていいし、幸せにしてもらえる。

愛されて、幸せにしてもらって、溢れた愛で人を幸せにしてあげればいい。

幸せな夫婦っていうのは、お互いにそう思っているんだよね。


もちろん、夫婦関係に限らない。人間関係はすべてそうだ。

お金を稼ぐのも同じ。労力を注ぎこんで、その何割かをもらえるんじゃない。僕にもあなたにも、当然、お金を受けとるだけの価値があるんだ。


何もしなくていいんだ、ということでもない。

何もしなくても、まわりからこんなにも受けとれる。

だから何かしたいという気持ちが行動になって溢れちゃう。結果として与える人になる。

こうして、幸せな人のまわりには、好循環が起きるわけだ。

幸せな家庭にホームステイする

その日は、仲間と一緒に新木場の海辺でバーベキューをやっていた。

何人かが釣りをして、それが大漁で、たちまち酒盛りになった。

僕も大五郎をだいぶ飲んでバカになっていたところで、紹介されたのが彼女だった。

「この子、元スチュワーデスだよ」と友達がいうので、酔っ払った僕は「じゃあ、『アテンションプリーズ』っていってみてよ」と初対面の彼女にいった。

まあ、彼女が最悪な第一印象を抱いたであろうことは想像に難くない。

でも、僕の方は、どんどん前のめりになっていった。だって、話せば話すほど、彼女が「理想の奥さん」の条件をクリアしていったから。

彼女の方も、最初は「なんだコイツ？」と思ったけれど、僕に興味は持ってくれたらしい。

彼女の実家はイチゴ農園をやっている。イチゴを出荷できるのは1年のうちでも限られた期間だけだ。オフシーズンにジャムを売って家計を助けられないか、と彼女は思っていた。

それで、共通の友達が「こーちゃんは、ホームページで何でも売ってくれるプロだから、ジャムをいっぱい売ってくれると思うよ。だ

妻とはじめて会った新木場のバーベキュー。

から仲よくしとくといいよ」と僕を紹介してくれたらしい。

こんな感じで、お互いの異なる下心が交差する形で僕らは出会った。気がつくと付き合いはじめていて、やがて「1年後に結婚しよう」と約束するまでになった。

1年間の準備期間をとったのは、「お互いが幸せに生きていくために、どうしたらいいのか」を徹底的に話し合う時間が必要だと思ったからだ。

その間、僕はほとんど仕事をしなかった。彼女と24時間一緒にいて、お互いが思っていることを話し合った。

これからの長い人生、結婚というのはすべての土台になる。土台がグラついていたら幸せになれっこない。仕事してる場合じゃねぇ。この土台をしっかり作ってこその幸せだろう。極端かもしれないけど、そう思った。

そして、彼女とも一緒に友達の幸せな夫婦、幸せな家族を見てまわった。

いわば、幸せな家に「ホームステイ」したんだ。

これは、すごく勉強になった。

24時間一緒にいるわけだから、当時、僕と彼女はけんかもよくした。

どうしたら仲よくできるんだろう。「幸せ夫婦」の友達に聞くと、「怒りの翻訳」の仕方を教えてくれた。

「なんでそんなことというの？　って腹が立つこと、あるでしょ」

「うん、あるある」

「そこで、『なんでそんなことというの？』って怒るんじゃなくて。こう、相手の背中をやさしくさすりながらさ、『そういわれると、僕は悲しいなあ』っていってごらん」

「なるほど……」


実際に結婚して幸せになっている人たちに話を聞くこと。

それだけでなく、実際に幸せな生活の場を見せてもらうこと。


特にお世話になったのは、当時新宿区の荒木町にあった「りんごの絆」というフレンチレストランだ。

最高に美味しいレストランなのだが、予約していく日はなぜか彼女とけんかをしていた。

美味しい料理を食べて停戦状態になるんだけど、いつもこのお店を経営しているご夫婦に翻訳してもらっていた。それぞれ怒っている状態を「本当は悲しいんだよね」と上手に翻訳してもらうんだ。

閉店後に何時間も無料カウンセリングを受けているようなもので、毎回申しわけないなぁと思いつつも、美味しいレストランと素晴らしいカウンセリングのおかげで、いつも食後は彼女と手をつなぎながら帰ったものだった。

幸せな家庭への「ホームステイ」のおかげで、僕は結婚して幸せになる自分をリアルにイメージできるようになっていった。

りんごの絆にて、お店を経営してる山本シェフとマダムと妻と。

クラスでもどちらかというと目立たなくて、全然モテなかった男子が、モテるグループに入った途端、急に彼女ができる……みたいなことってあるよね。

モテグループの文化の中に入って、寝グセを直すのが当たり前になったり、服にお金を使うのが当たり前になったり、好きな子ができたら告白するのが当たり前になったりした結果、それまでとは別人みたいになっちゃう。

誰でも、「当たり前」だと思っていることがある。

それはその人が育った文化だったり、ときには思いこみだったり偏見だったりすることもある。

その「当たり前」を書き換えると、現実が変わるんだよね。

じゃあ、「当たり前」を書き換えるにはどうすればいいかというと……環境を変えること。

そのための「ホームステイ」というわけだ。

「結婚したいけど、できない」という人って、よく話を聞いてみると、「結婚したら今より大変になるのが当たり前」と思っていたりする。「結婚したい」といいながら、本心では「家族が増えて、責任が重くなるんだよな」「独身時代みたいに気ままに趣味を楽しめなくなるよな」「大変に違いない」「けんかが絶えない」という目で結婚を見ている。

だから、「結婚してとにかく幸せ」って心から思っている夫婦の家庭に「ホームステイ」すると、当たり前が書き換わって、急に結婚が近づくこともある。

ここでは夫婦というチームの作り方の話を書いたが、人生というゲームはこの繰り返しだと僕は思っている。

僕ひとりでレベルを上げ続けていたとしても、きっとできることは限られている。でもチームができれば、できることもどんどん増えていく。

仕事でのチームの作り方も、今の夫婦話と一緒だ。

起業したい人、もっと前向きになりたい人、友達を増やしたい人。自分が学びたいことを当たり前にやっている「群れ」に入っていくことで、常識を書き換えることは有効だ。

ホームステイできれば一番だけど、それが難しかったら、今はネットでそういう群れや人を探してもいい。英語と一緒で、ホームステイしちゃえば一番上達は早いけど、できないからってあきらめることはないんだ。

世界一周旅行のきっかけは、高橋歩くん

どこで高橋歩くんを知ったかは、もう忘れてしまった。自分のブログを読み返すと、2004年の記事にはもう「高橋歩」という名前がヒットする。和平さんと知り合ったのは2007年のことだから、それよりずっと前から、僕は歩くんを意識していたことになる。

もちろん、当時から歩くんは有名人だった。

20歳で大学を中退し、アメリカンバーを開いて2年で4店舗に広げただけでもすごいのに、その「成功」をこともなげに手放して、自伝を出すために未経験から出版社を立ち上げる。そして、自伝『毎日が冒険』をはじめとするベストセラーを次々と世に送り出した。ベストセラー作家にして、その版元の社長だ。

ここまでで、もう申し分なくすごい。でも、まだ先がある。

26歳で結婚、式の3日後には、奥さんの夢をかなえるために、会社を手放してふたりで世界一周の旅に出発して、2年にわたって南極から北極まで世界数十カ国放浪。帰国すると、沖縄にカフェバーと海辺の宿「ビーチロックハウス」をオープンする。僕もいったことがある、オーストラリアはバイロンベイにあるバックパッカー向けの宿に憧れたんだという。

そのあとさらに、沖縄北部のやんばるに自給自足のアートビレッジ「ビーチロックビレッジ」を創り上げ……いや、キリがないからこのくらいにしておこう。

2004年に沖縄のビーチロックハウスに泊まったとき、僕がブログに書いた歩くんについての文章がある。

「高橋さんは、オーストラリアをはじめ世界各地を放浪し、
そこで感じた事を表現したくて出版社ごと自ら立ち上げ
自伝を出版し、ベストセラーとなりました。
また、オーストラリアのバイロンベイにあるバックパッカーズに憧れ、
この沖縄にバックパッカーズを作ってしまいました。
(僕もバイロンのバックパッカーズにいきました)
僕と同じ年で、いつかはお会いしてみたい人のひとりです」

なんかぎこちない文章だな、と思った人、するどい。

僕は、歩くんに複雑な思いを抱いていた。

正直にいうと、ムカついていた。

自分が「やりたい」と思っていたことを、すでに全部成し遂げていたからだ。

出版社を作って、自分の好きな本を出せたら面白いだろうなと思っていたけれど、実際の僕は本の原稿を書くので四苦八苦していた。でも、歩くんはベストセラー作家で、出版社の社長。僕だってバックパッカーだ。オーストラリアのバックパッカーズは最高だった。ああいう、

旅人が集まる宿を日本で作れたらなと思っていた。それを歩くんはとっくに実現している。

しかも、奥さんとふたりの子を愛する夫であり、父親でもある。

それが、自分よりずっと歳上ならまだいい。同い年だったものだから、「負けた」と思わざるを得ない。

要するに、嫉妬していたんだ。

でも、そういう自分を認められなかったんだよね。

いつかはお会いしてみたいも何も、会おうと思えばいつでも会えたと思う。僕が一番信頼している友達のひとりは、歩くんの右腕として働いていたからだ。

でも、そんな複雑な心境もあって、積極的に会いたいとは思えなかった。

2005年には、学生向けの講演会で、一緒に登壇する機会もあった。でも、そのときも軽く挨拶したくらいで大した話はしていない。

友達も、改めて歩くんと僕を引き合わせようとはしなかった。きっと、僕の複雑な思いを察していてくれたんだろう。

その友達が、歩くんがプロデュースする「旅祭」という野外フェスに僕を誘ってくれたのは、2009年のこと。

結婚前の1年間、仕事を休んで彼女と過ごしている時

2006年8月5日 講演会（大井町・きゅりあん）にて。
左から高橋歩くん、中村隊長、小田真嘉くん、僕。

期のことだった。

このイベントには、世界一周堂という旅行会社が出店してチケットを販売していたんだけれど、値段を見てびっくりした。世界一周航空券が24万円からだったから。ファーストクラスでも、136万円。とんでもないディスカウント価格だ。5大陸を周遊して、飛行機に16回乗ることができる。当時はリーマンショック後だったこともあり、ファーストクラスの便が減便されていたが、ファーストクラスに8回、ビジネスクラスに8回乗れるとのことだった。通常はファーストクラスの割引はないので、普通に買えば900万円近い金額になるチケットだった。

元CA（キャビンアテンダント）だった彼女は、「お婆ちゃんになるまでに、一度でいいからファーストクラスのサービスを受ける経験をしてみたい」と夢を話してくれていた。これは、彼女の夢をかなえるチャンスだ。

僕は、歩くんが奥さんと結婚してすぐにふたりで世界一周の旅に出たことを思い出していた。

ある講演会で、最後に彼が「さやか、愛してる」と奥さんの名前を叫んだときのことも。

あのとき僕は客席から見ていて、「なんだよそれ」って、うらやましく思いながらちょっとイラッとしたっけ。

でも、いよいよ自分も結婚を前にして、今ならわかる。講演で、

旅祭2009＠お台場。
野外のステージでトークをする高橋歩くん。

奥さんに愛してると叫べる夫婦関係の素晴らしさが。そんなふうにも思った。

僕は、その場で世界一周の新婚旅行に出かけることを決めた。

直接の理由は、格安だけではない。これなら彼女に精神的負担をかけることなく、サプライズでファーストクラスの経験をプレゼントできるからだ。それに加えて、長い間、心の奥では「こんなふうになりたい」と思い続けて、でもやっぱり嫉妬で受け入れられなかった歩くんの影響も、間違いなくあった。

ファーストクラスで世界一周新婚旅行へ。

どん真中で生きている人と話すと、自分のズレに気がつく

少し話は脱線するが、世界一周の新婚旅行のきっかけとなった野外フェス「旅祭」を総監督として主催していたのが、この本の編集者である滝本洋平くんだ。

洋平くんと出会ったのは、僕が20代の終盤、セミリタイア状態で毎日少しずつ自分の魂が腐っていくのを感じながら生きていたころ。

共通の友達から紹介され、お互いの家が歩いて10分くらいの近所だったこともあり、定期的に会うようになった。

高橋歩くんの右腕としても働いている彼は、歩イズムの継承者でもあった。

洋平くんは、歩くんの会社の社員でもあるのだが、「本当にそれを自分がしたいかどうか？」を常に歩くんから問われていたという。

普通じゃ考えられない社風ではあるけど、実に歩くんらしい。

洋平くんと話していると、天然で「それを本当に僕はしたいのだろうか？」と考えるようになってくる。

ちょっと自分のハートからズレて苦しくなったタイミングで洋平くんと話すことが多かったのだが、そのたびにスッと自分のど真ん中に戻れていたんだ。

僕は、自分で自分に嘘をつくことがある。

簡単に自分の気持ちをごまかすことができる。

だけど洋平くんと話していると、その嘘に気がつくんだよね。あ、今ど真ん中からズレているなって。ど真ん中で生きている人と話すと、自分のズレによく気がつく。

こういう友達は、無茶苦茶貴重な存在だ。


その洋平くんは、サウナに目覚め、今ではサウナ本の編集を手がけるだけでなく、その業界で大活躍する人たちとつながり、生き生きと仕事をしている。

いつもサウナに入っている写真をSNSに投稿しているのだが、時々モデルやグラビアアイドルとサウナに入って取材している写真も投稿している。

「なんで俺も誘わないんだ！」とイラッとするが（笑）、とにかく彼の表情は年々いい笑顔になっていく。


今回の本も、洋平くんから声をかけられて実現する運びとなった。

友達として実に20年の月日が流れている。

お互い共有した時間を思い返すと、実に感慨深いものがあるのと同時に、目頭が熱くなるくらい感謝の気持ちも湧いてくるんだ。

洋平くんと。2012年12月5日 東京・下北沢にて。

武田双雲くんと出会う

「結婚おめでとうございます」

武田双雲くんからメールがきたのは、新婚旅行の終盤、カナダにいるときのことだ。

ちなみに、この時点で彼との面識は一切ない。

僕としては、「あの有名書道家の武田双雲から、いきなりメールがきた！」でしかない。

びっくりしたけれど、カナダで奥さんのお腹に赤ちゃんがいることがわかったタイミングだったので、

「ここで武田双雲さんと友達になっておけば、生まれてくる子どもの命名書を書いてもらえるかもしれない」

という例によっての下心もあって、僕はとりあえずメールに返信した。


そこから彼とのやりとりがはじまってわかったんだけど、双雲くんは以前から僕のメルマガの読者だったという。

双雲くんは、東京理科大学を卒業して、ＮＴＴに入社した。その安定した地位をなげうって、書道家として独立したことは知っている人も多いと思う。

独立した当初に彼が考えていたビジネスのひとつが、名刺だった。

双雲くんは、書道の師匠でもあるお母さんの書く字が大好きだった。その大好きな字で、名

刺を作って売ったらいいんじゃないかと思ったそうなんだ。

これからモノやサービスを売るならネットだろう、と思って、参考になりそうなネット販売の専門家を探していて見つけたのが僕だった、ということらしい。さらに、自由をテーマにしたブログを書いていた僕が、自分と価値観が近いと感じたらしく、ずっと読んでくれていたというんだ。

そういうわけで、僕は自分でも知らない間に、「あの武田双雲」に長いことメルマガを読んでもらっていたというわけだ。


日本に帰ると、僕はさっそく近所の髙島屋で個展を開いていた双雲くんに会いにいって、付き合いがはじまった。

一緒にご飯を食べたり、彼の教室に通って書道を教えてもらったりするようになって、すぐに気がついたのは、双雲くんがやたらと「感謝、感謝」ということ。

とにかく、いつも感謝している。レストランでは料理してくれた人、給仕してくれた人に感謝。

トイレにいったら掃除してくれた人、衛生陶器のメーカーの人、水道を引いてくれた人、その他の関係者……に感謝。

道を歩いていると、急にガードレールに目をつけて、「みんなの

いつもハッピーな双雲くん。

安全のために、ガードレールを作ってくれた人に感謝」したりする。

幸福度が高い人はいつも感謝、常に感謝なんだ。


最初に思ったのは、「和平さんに似ているな」ということだった。

和平さんも、いつも「ありがとう」「ありがとう」といってばかりいる人だ。

Wタケダによる「感謝攻撃」にさらされて、僕の頭の中も「ありがとう」でいっぱいになってしまった。

次に気づいたのは、ふたりの「似ているけれど違うところ」。

和平さんは、感謝の大切さに気づいて、練習して「ありがとう」ということを身につけた人だ。

若いころの和平さんは、超アグレッシブな経営者だった。40代のころの和平さんの写真を見ると、今とは違うアグレッシブな雰囲気を醸し出されていた。

それが、あるきっかけから人生を見つめ直して、「もっと『ありがとう』をいう人生にしよう」と方向転換されたんだ。

一方の双雲くんは、完全にネイティブ。

生まれつきの感謝の人。自然に「ありがとう」といっちゃう人なんだ。

それがどのくらいすごい才能なのかを、僕は見せつけられた。


武田双雲といえば、間違いなく今、日本でもっとも著名な書道家のひとりだろう。

彼がメディアに露出している姿は誰でも目にしたことがあるだろうし、大企業のコマーシャルなどでそうとは知らずに彼の書いた字を目にしている機会はもっと多いはずだ。

最近では、書道家という枠さえも飛び出してしまった。

現代アーティストとして、スイスのアートフェアに出したり、スイスの名ギャラリーからオファーがあって個展をしたりと、世界を舞台に活躍しはじめているんだ。

日本でも十分有名だけれど、あと数年したら海外でのほうがより有名、ということになりかねない勢いだ。


双雲くんが会社をやめるといったときには、「書道家では食っていけない。やめておけ」と親切に助言してくれる人ばかりだったそうだ。

実際、書道にしてもアートにしても、それで食っていくとなると厳しい世界なのは間違いない。

双雲くんは、またたく間に「食っていける」というレベルをはるかに超えるところまで活躍の幅を広げてしまった。


さぞや努力したんだろうな、と思うのが普通だと思う。

だけど、違うんだ。


僕は、毎週片道1時間半かけて、双雲くんの書道教室に通うようになった。

レッスンは1回2時間。

そのうち、書道を教えるのはせいぜい1時間くらい。

残りの時間、双雲くんは絵を描いたり、受講生と好きなゲームの話をしてゲラゲラ笑ったりしている。

その教室の雰囲気というか、空気感に僕はやられた。

自由な双雲くんのまわりで、みんなが自由に楽しんでいる。これが人徳ってやつなのかなとも思った。


仕事で頼まれて字を書くときも、海外で目が飛び出るような値段で売れるアート作品を創るときも、双雲くんは変わらない。

やっぱり、ゲラゲラ笑いながら、楽しそうに手を動かしている。

「創作中は声をかけるな！」みたいな、いかにも芸術家という雰囲気はまるでない。いつもの双雲くんのままなんだ。

双雲くんよりうまい書道家は、もしかしたらいっぱいいるのかもしれない。

芸術家としての才能なら、双雲くんを凌駕する人がいるのかもしれない。

自由で楽しい空気感で彩られた書道教室。

でも、武田双雲より「感謝に溢れた」書道家はいないような気がする。

感謝に溢れた人は、常に世界の素晴らしいところに気がつく。なんて世界は素晴らしさで満ち溢れているんだと、いちいち素晴らしいところに気づいてしまう。

すると今度は、世界が双雲くんの素晴らしさを発見してしまう。

自分が世界に何を見たいかが、世界が自分をどう見るかとリンクしているんだなと、双雲くんを見ていて確信するようになった。

だって、次々と活躍のチャンスが向こうからやってくるんだもん。


それに気づいたとき、僕は思った。

「こりゃー、努力なんかしている場合じゃないな」

僕はこれまで、それなりに努力をしてきた。

バイト先の先輩から、女の子と会話するスキルを学んだことからはじまって、できる人のやり方を真似て、自分ができることを増やしてきた。

その努力は、無駄だったとは思わない。実際、成長もしたし。

けれども、双雲くんを見て、やっぱり愕然としたんだ。

努力して、一生懸命にできることを積み上げていくよりも、感謝したほうが早く上にいける。先に進める。

努力して自分の力を成長させても、1馬力が1・5馬力になるくらいだ。

でも、「ありがとう」といつもいっている人には、100人が手を貸してくれる。1馬力が、いきなり100馬力になるんだ。

それが、感謝の効能だ。

きっと和平さんも、歯を食いしばってがんばっているころに、双雲くんみたいなネイティブな「感謝の人」に出会って、自分を見つめ直したんじゃないかな……なんて想像もした。

書道家という枠さえも飛び出して、
現代アーティストとして世界へ。

KEY NOTE 27

成功者はみんな、努力した話をする。

努力せずに何かを手に入れた話をすると、反感を買うから。

努力したからうまくいった、という話にしたがるんだよね。


僕の考え方はちょっと違う。

うまくいった、と思えるのって、自分の実力以上のことが起きたときだと思うんだ。つまり、努力でどうにかなる程度のことは「うまくいった」とはいわない。

じゃ、なんで実力以上のことができちゃうのかっていったら、まわりのサポートがあったからだよね。


つまり、成功する人っていうのは、たくさんのサポートを受けられる人なんだと思うのさ。

そのことに気づいて、「サポートされやすい人って、どこが違うんだろう？」と観察してみた。

みんな、喜びの達人だったり、感謝の達人だったりした。喜びや感謝を伝えられると、応援したくなるのは当たり前だよね。

武田双雲くんなんて、６月９日を「世界感謝の日」にしようというプロジェクトを立ち上げたくらい、感謝の達人だ。


あとは、「こいつと一緒にいると、他ではできない経験ができる」と思わせる人。特別なビジョンを持っている人も、応援やサポートをしてもらいやすい。大きな額のクラウドファンディングに成功するのはこのタイプの人が多い。

少し前に紹介した高橋歩くんもこのタイプだ。


喜び、感謝、ビジョン。

自分の実力以上のことを実現させる力は、そこから生まれるんだよね。

子どものころ、「この指止まれ！」ってたくさんの仲間を集めていたのは、誰よりも楽しそうに遊んでいるやつだったり、誰も思いつかない遊びを発明するやつだったりしたよね。それと同じだ。


大事なのは、努力という自分の力よりも、たくさんの人が応援してくれる力のほうがずっと大きいってことだ。

それを忘れないようにしよう。

和平さんに教わった「偉人伝の読み方」

理科大出身なのに、双雲くんには全然計算がない。

ただ、目の前のものに感謝して、楽しんでいる。

棒っ切れを拾った子どもと一緒だ。大人は「そんなもの何が面白いの?」と思うけれど、子どもは幸福度100%で何時間も遊んでいる。

だから、成功するかどうかも、双雲くんには関係ない。いつでも、そこに棒っ切れ1本あれば楽しめるんだから。


そんな彼の生き方を、僕は『野心ゼロでうまくいく方法』だと思った。

でも、本人にいわせると違うらしい。

「俺は誰よりも野心家だ」と双雲くんはいうんだ。

「普通の人は、『自分の仕事が』とか、せいぜい『自分の業界が』とかしか考えないけど、俺は地球規模で考えてるから、もっと野心家なんだと思う」

たしかに、双雲くんは「世界平和」みたいな壮大なことを、本気で考えているという一面もある。いつも「感謝、感謝」といっている彼は、ついに「世界感謝の日」というプロジェクトを立ち上げてしまった。

6月9日を「感謝の日」として、世界中の人が何かに感謝する日にする（なぜ6月9日なのかって？　それは双雲くんの誕生日だからだ。何か突っ込みたい気持ちがあるけど、このまま読み進めて欲しい）。

この日をきっかけにみんなの「感謝力」が上がっていけば、世界は平和になるというとんでもない構想だ。

たしかに、ある意味で野心家でなかったら、こんなことは考えつかない。

イケてない自分からはじめて、どうしたら幸せに生きられるかを考えてきた僕の意識が、もうちょっと大きなものに向きはじめたのは、このころのことだ。

それは、双雲くんの影響でもあった。

そして、和平さんから教わったあることも関係している。

以前に、和平さんに「どうしたら成功できますか？」と質問したことがあった。

そのときの和平さんの答えは、「偉人伝をいっぱい読むとええがね」。

偉人たちは、何のために成功したいと思ったのか。その動機を読み解いたら成功する、という。

「いいこと聞いた！」と思って、さっそく偉人伝を何冊か読んでみた。

でも、わからない。偉人たちの動機というのはなんなのか。

もちろん、個々の偉人がそれぞれ持っていた動機らしきものは読みとれる。この人はお金持ちになりたかったんだろうな、とか、他人に認められたかったんだろうな、とか、親孝行したかったんだな、とか。

でも、和平さんが話していた動機というのは、どうもそういうものではないらしい。その背後にある、偉大な仕事を成し遂げた人たちに共通する動機のことのようなんだ。

それが、僕には全然読みとれなかった。

仕方ないから、和平さんに正解を聞くことにした。

「和平さん、前にいってた偉人たちの動機ってなんなんですかね？」

和平さんは、あっさり教えてくれた。

「最初はな、自分のことだよね。

自分が潤ったら、自分の子どもとか奥さんを安心させたい、お父さんお母さんを楽させたい。家のことになる。

家が潤ったら、自分の村をどうにかしたい。地域社会の話になる。

地域社会を潤せたら、いよいよ国が出てくるがね。

そうやって偉人たちは、動機を上げていったよね」

ああ、なるほどなーと思った。

僕も、最初は自分がモテたいというところからはじまって、会社が潰れかかっていた自分の家のためにがんばって、それからは自分に興味を持ってくれる人、自分と関わってくれた人たちの小さな「村」を潤せたらいいなと思ってやってきた。スケールは違うけれど、偉人たちもそれと同じことをやってきたんだな、と気づいたんだ。

オーストラリアから帰って、父の会社を立て直したときの自分は、我ながらよくがんばったな、と思うんだ。

同時に、もしも自分で起業した会社だったら、あんなにがんばれなかったし、きっとうまくいかなかったんじゃないかとも思う。


会社がどうにかなって、がんばらなくてよくなったら、仕事をする気がなくなってしまった。

でも、今度は「うちの会社をなんとかして欲しい」と頼ってくれる人たちが現れて、そのためにまたがんばれてしまった。

それからいろいろあって（このあたりの話はこのあとで）、今の僕は、本やセミナーで個人のお客さんの力になる仕事から、「どうやったら国をよくできるのか」「どうすれば世界をよくできるのか」という方向にシフトチェンジしつつある。


結局、僕はがんばるために、自分のため以外の動機が必要なんだ。

そして、しばらくがんばると、新しい動機が欲しくなる。

動機を変えるタイミングで、やりたい仕事も変わってくる。

この動機は、偉人たちのように大きな志じゃなくてもいい。

何かつまらなくなってきたり、魂が腐ってきた感じがしたら、動機を変えるタイミングがきたということ。

そのときは、もう一度自分の心の声を聞いてみよう。
まわりを見まわしてみよう。
手助けできる人がいないか、探してみよう。
きっと、新しい動機が見つかるはずだ。

「世界平和」も面白いかもしれない

和平さんから偉人伝の読み方を教わって、僕の視野は明らかに広がった。

そのタイミングで、双雲くんの「野心家」な一面に出会って、影響を受けた。

もちろん、それだけで自分が変わった、とはいえない。

運転中に割り込まれれば腹が立つし。自分の子どもがよその子にいじめられたという話を聞くと、「その子、張り倒してやろうか!」なんて思ったりするし。

相変わらず、僕はとても小さなスケールの中で生きている。

でも、見えている世界は、明らかに変わっていたんだ。

双雲くんがいう「世界平和」はもちろん、「国」というレベルだって、正直なところ、自分にはまだ関係がない気がしていた。

でも、今自分がいる場所の先に、そういうもっと大きな場所があることはわかった。道順は見えた、という感じ。

「世界平和」は、高橋歩くんがいつも口にしている言葉でもある。

正直、最初に聞いたときにはピンとこなかった。何もかも手に入れた人が口にする綺麗事のような気がしたから。

でも、そうじゃないんだよな。世界と自分はつながっているんだよな……と、ようやく思えるようになってきたんだ。

例の、高橋歩くんのもとで働いている友達の滝本洋平くんが、「歩さんと晃一さんで何かやれませんか」と声をかけてくれたのは、ちょうどこのタイミングだった。

洋平くんいわく、「和平さんや双雲さんと出会ってから、晃一さんは変わった」という。「今の晃一さんは、歩さんと会わせたら面白いと思う」というんだ。

たしかに、自分でも「俺、変わったな」と感じていた。

高橋歩という同い年の男を、これまでは嫉妬があって素直に受け入れられなかった。でも、気がつけば「嫉妬しているくらいなら、素直に学んじゃえ」と思うようになっている自分がいた。だって、年下の双雲くんから、もうさんざん学んでしまっているし。

話はスムーズに進んで、これまで僕のセミナーを受けてくれた人たちを対象に、歩くんとふたりでグループコンサルみたいなことをしていこう、ということになった。僕としては、「どうせ高橋歩から学ぶなら、俺ひとりで学ぶのはもったいない。みんなでシェアしよう」という気持ちだった。

歩くんと話すようになって感じたのは、自分にかけていた制限が、どんどんはずれていくことだった。

それは何より、歩くんが、自分に制限をかけずに生きてきた人だからだ。

高橋歩くんと。
彼がオーナーの西麻布の秘密のアジト・Bohemianにて。

何しろ、自伝を出そうと思ったら、いきなり出版社を立ち上げてしまう。奥さんと一緒に世界を放浪したくなったら、せっかく作った会社を人にゆずってすぐに旅立ってしまう、という人だから。

そういう人のそばにいると、いつのまにか自分にかけていた制限も、勝手にはずれていく。

僕が思い出したのは、どこかで聞いたこんなたとえ話だ。

ガラスコップにノミを入れるとジャンプして逃げてしまう。

コップの上にガラスのフタをすると、ジャンプしたノミは天井に激突してしまう。ノミたちは当たらないように小さなジャンプをするようになる。

しばらくすると、フタをとっても、ノミたちは天井にぶち当たった経験があるので、小さなジャンプを続けてコップから逃げなくなる。

ところがここに、天井に当たった経験のない別のノミを入れてやるとどうなるか。もちろん、跳んで逃げていく。

そして、それを見た他のノミたちも、次々に跳んで逃げていく。

ちょっと失礼なたとえかもしれないけれど、歩くんは僕にとって、跳び方を思い出させてくれるノミだった。

そしてきっと、神田さんや健さん、心屋さん、和平さん、双雲くんといったこれまで出会ってきた人たちも、その時々で僕の制限をはずしてくれた存在だったんだと思う。

これまで、僕が壁にぶつかったり、石につまずいたりするたびに、新しい出会いがあった。出会った人が僕に歩き方を教えてくれた。

それがありがたかったから、自分も人に教えられることは教えてきた。恩返しだ。

何より、人から学ぶことも、人に教えることも、僕にとっては最高に面白かった。

考えてみれば、僕が人から学び、人に教えてきたこと、もらったり与えたりしてきたということは、僕が「世界」の一部だってことだ。

僕は自分のまわりにいる人たちに助けられて、自分のまわりにいる人の役に立ちたいと思ってきただけだった。でも、自分のまわりの人たちとのつながりを広げていったものが世界じゃないか。

つまり、これまでに作ってきたような人との関係を、どんどん大きくしていけば「世界」になる。

そう思ったら、別に崇高な使命感とかではなく、

「世界平和っていうのも面白そうだな」

と思えてきたんだ。

KEY NOTE 29

マザー・テレサは、「世界平和のために何ができますか?」と質問されて、「家に帰ってあなたの家族を大切にしなさい」と答えたそうだ。


世界平和って、当たり前だけど、とても大きなテーマだ。

テーマが大きいと、ついつい自分も大きなことをしなければいけないような気がしてくる。

もちろん、その力がある人は国や国際機関を動かせばいい。

志が大きい人は、たくさんの人を巻き込むリーダーを目指してもいい。

でも、マザー・テレサがいったことは忘れないようにしよう。

世界平和は、身近などころからでもはじめられる。どこから手をつけてもいい。


もっというと、別に世界平和に興味を持たなくてはいけないということもない。

「自分はそういうのは別に……」でかまわない。

だとしても、世界が平和なほうがいいのは誰でも一緒だと思う。

だったら、頭の片隅に、ほんのちょっとでもいいから「世界平和」を置いておこう。

いつも意識しなくていい。何かのついでに時々思い出すくらいでいい。


それだけでも、人生は少しだけ豊かになる。

そして、世界は確実に一歩、平和に近づいているんだ。

THE GAME

8

終章

意図をするということ

前章で書いた、世界一周新婚旅行でのこと。

僕たちは、8割引で買えたファーストクラスのチケット（世界一周航空券）を使って旅をしていた。機内では、美人のCAさんにニッコリ微笑みながらシャンパングラスを持てば、マッハで注いでくれる夢のような時間を過ごしていた。

「なぁ、今の俺、田村正和みたいじゃね？　ガウンでも着ようかな」

バックパッカー上がりの僕は、何度乗っても乗り慣れないファーストクラスで、すっかり舞い上がっていた。

そして妻に、酔っ払いながらこんなことを語っていた。

「将来さ、世界中のＶＩＰが俺たちを招待してくれるんだよ。もちろんファーストクラスとかプライベートジェットで。

俺、目上の人と仲よくなって、相手を楽しい気持ちにするの得意じゃん。そのノリで世界中のＶＩＰを和ませられれば、みんな爆弾を落とそうとか国民をいじめようとか思わなくなって、世界平和になるんじゃね？」

世界平和を語ったけど、ぶっちゃけ「人の金でファーストクラスに乗りたいな」と、下心満載な気持ちだったわけで。

けれども、そのまんまじゃカッコがつかないから、とってつけたように世界平和という大義名分をいっただけだった。

そして何より、そういう〝視座の高い〟誰しもが納得するようなことをいったほうが、願いはかないやすいということを知っていたから、あえて「世界平和」といったんだ。

たとえばクラウドファンディングで、「フェラーリに乗りたいから、お金を集めています」と、自分の欲望だけをいってもお金は集まらないよね。

だけど、「古民家を再生して宿にして、地域を活性化させたいです」といったら、お金は集まりやすい。

「他人のお金でファーストクラスに乗りてぇ」なんていっても誰も相手にしないけど、「世界を平和にします！」というと、なんか集まりそうだよね……なんて今書いていて、本当に動機が不純で下心満載だなぁと改めて思うけど。

そんなことはすっかり忘れていた、結婚7年目くらいのこと。

妻がこんな話をしてきた。

「ねぇ、今の暮らしのままでも十分幸せで感謝すべきだと思うの。

だけどね、未来が見えないというか、ワクワクしないというか、なんだか閉塞感があるの。

こーちゃんはどう？　あの新婚旅行でこーちゃんがいっていたこと覚えてる？

あれ、もう一度意図しようよ」

新婚旅行でいっていたこと、それは「世界中のＶＩＰから招待される」ということだ。

僕とは違って、妻はファーストクラスに乗ることが目的じゃなく、世界中の素敵なＶＩＰに出会いたいと思っているというんだ。

若干夫婦で意図したいことはズレている気もしたが、とにかく「そうなったらいいな！」と、もう一度心に思ってみたんだ。

これを「意図する」と僕たち夫婦は呼んでいる。


日常生活を送っていると、特に目指す方向を考えたりしなくなる。

カーナビにたとえると、目的地を設定せずに走り、グルグルまわっている感じだ。

それでも日常で幸せを感じるし、特に問題もないんだけど……なんだか充実感がなくなってしまう。


意図するというのは、新たに目的地を設定するということだ。

心から「こうなりたいな」と定めると、自然と目的地が設定され、理屈は詳しくわからないんだけど、なぜかたどり着けてしまう。

いや、理屈を考えると、「無理じゃね？」と心が閉ざされてしまい、目的地の設定ができなくなってしまう。

「世界中のＶＩＰから招待される」なんて、理屈で考えてしまうと、「それはさすがに無理……」とビビってしまうので、理屈をいったん外してみる。すると、心がワクワクしはじめるんだ。

意図するときは、「どれだけ心を躍らせるか」がコツなんだと思う。

あの新婚旅行の機上のファーストクラスでは、お酒を飲んでいたし、ジョーシキが吹っ飛んでいたのもあるかもしれないけど、とにかく頭が沸騰するくらいワクワクしていたんだ。

ただ日常生活を送っていると、そんなことは忘れて埋もれてしまう。それを、妻の「意図しようよ」の一言で、鮮やかに思い出したんだ。

そんな意図をして3ヶ月後、思いもしない人との出会いがあった。

THE GAME
KEY NOTE 30

意図をするというのは、カーナビを設定することに似ている。

どこにいくか？　を決めると、渋滞があっても道路工事があっても、多少の障害があっても、目的地まで自動的に導いてくれる。

反対に、何も設定しないと、どこに向かっていいのかわからずにグルグルまわってしまう。

なんとなく退屈を感じたり、なんとなく閉塞感を覚えたりしたら、目的地をきちんと設定しよう。そうすれば、日常がガラッと変わるはずだ。

ゲームも同じだよね。今の自分はどんなゲームをしているんだっけ？

目的やゴール設定のないゲームは、ワクワクしないのに、ついつい惰性でやってしまうこともあるよね。


さて、どこに向かおうか？

どんなゲームをしたいだろうか？

本当はいってみたかったところはないだろうか？


日常生活を送っていると、どうしても忘れてしまう。

無理だなーとか、そういった制限は全部忘れて。

ドラゴンボールが7つ集まったとしたら。

魔法のランプを擦ったとしたら。

何をかなえたい？　何をしたい？

思い切っていってみよう。

それが意図するということなんだ。


そして、「意図したことがかなうコツ」というのがあって。

もうそこにいきたくてウズウズするくらい、ありありとイメージすることなんだ。


たとえば小学生のころ。

夏休みに友達が、「あの林にカブトムシがいっぱいいるらしいぜ！　一緒に捕りにいこうよ！」といってきたら、頭の中はもうカブトムシでいっぱいになっていた。

宿題がたんまり残っていることとか、晩ご飯までに帰らなきゃいけないとか、そんなのは全部すっ飛んで、カブトムシをいっぱい捕っている自分が、頭いっぱいに思い描かれていた。

そして気がつくと、網と虫かごを手にして、走り出している自分……。


そんな感じになるくらい、ありありとイメージするのが「意図したことがかなうコツ」なんだ。

なぜか大号泣した夜

2019年の春、新宿でゴミ拾い活動をしている友達の作家・荒川祐二くんからランチのお誘いがあった。聞けば、ときのファーストレディ・安倍昭恵さんがいらっしゃるというんだ。

意図してわずか3ヶ月。普通だったらビビってスルーしていたかもしれない。だけど「これは、意図したからだ！」とビビりながらも、すぐお誘いにOKをした。

当然妻にも声をかけて、5人で貴重な時間を過ごさせていただくことになった。

そして、下心満載で楽しみにしていたその日を迎えた。

当時の安倍総理は、もう少しで日本一の在任期間となるタイミングだった。その奥様となれば、日本一のあげまんといってもいいだろう。

僕は、「昭恵さんから日本一のあげまんのエッセンスを聞き出し、妻と共有すれば、俺、マジで出世しまくりじゃね？　もっと上のレベルにいけるんじゃね？」と思っていたんだ。

とはいえ、いきなり「あげまんの秘訣を教えてください！」というのも失礼だろう。

ちょうどアメリカのトランプ大統領夫妻が来日し、帰国してすぐのころだったので、「トランプ夫妻と安倍夫妻が会食をされたとニュースで見ました。差し障りのない範囲で、どのようなお話をされたのかお聞かせいただけませんか？」

と時事ネタから話をはじめた。

「トランプさんに主人が第二次世界大戦のことを話したのです。そうしたら、トランプさんがじっと聞き入ってくださって。一通り主人の話を聞くと、『私と晋三が当時それぞれのリーダーだったら、私は絶対に晋三と戦争をしない』とおっしゃってね」

昭恵さんのこの話を聞いて、びっくりした。

え？　トランプってジャイアン的なキャラだと思っていたのに、そんなことというの？　って。

そして、なぜか僕は、涙が止まらなくなってしまった。

「あれ？　俺、そんなにいい人キャラじゃないのに、なんで感動して泣いているんだろう？」

自分でも戸惑った。

他にもこんなお話を聞いた。

「韓国の大統領夫妻とお会いしたとき、相手の夫人と大号泣しながらハグしたのです」

「なんでですか？」

「二国間でこんなに仲よくしたいのに、全然できない無力感と悲しさと歯痒さが混じって、ただただ泣くしかなかったの」

それを聞いて、僕はまた大号泣してしまった。

え？　日韓関係が悪いのは政治が悪いからじゃないの？　え？　それぞれの国のトップも僕らと同じ気持ちなの？　え？　え？

混乱しながら、感動してしまったんだ。

他にもたくさんの、いろんな国の人たちとのエピソードを聞くたびに、なぜか涙が止まらなくなり、自分はどうなってしまったんだろうと、戸惑いまくった。

「ブッシュさんに一番辛かったことは？　と聞いたら、兵士の遺族と話をすることだそうで。すごくすごく悲しくなる、と涙を浮かべながらおっしゃっていて、私も一緒に泣けてきて。ブッシュさんと手をとり合って、見つめ合って涙ぐんだの。その光景を、え？　って顔をして主人が見ていたけど」

泣いてしまっている僕を笑わせようとしたのか、昭恵さんはユーモアのあるエピソードを添えてくれたりもしたのだが、貴重な話を聞くたびに、僕は何度も何度も泣いてしまっていた。

さすがに昭恵さんも、「え？　そんなに泣かないでください」と驚かれていて。

「いや、なんか僕も自分で驚いていて。マジで、こんないい人キャラじゃないんです。なんですか、これ。なぜか涙が止まらなくて……。

僕にできそうなことがあったらなんでもいってください。なんでもします！」

つい、そういっちゃったんだよね。

その日の夜もずっと涙が止まらないままで。泣きながら友達ふたりに電話をかけた。

「世界平和」で思い出す、高橋歩くんと武田双雲くんだ。

残念ながら歩くんは電話に出なかったけど、双雲くんは電話に出た。多分夜中の12時をまわっていたと思う。それなのに、電話口で号泣しながら2時間くらい語り合った。

「世界のトップたちは、『どうやったら互いによい関係を持てるようになるのか』と、僕らの知らないところで一生懸命動いているんだ」

「テレビとかで知り得た、僕の勝手なイメージとはかけ離れていたんだ」

とにかく心が震えたことを伝えたくて、興奮して話しまくった。少しお酒も入っていた僕のくどい話を、よくもまぁ忍耐強く聞いてくれた、と感謝するのだが、双雲くんも一緒に感動しながら聞いてくれた。

振り返ってみると、これまでも感極まって泣いたことが何度かあった。

それは、自分の人生にとって大きな分岐点で、舵を切るべきタイミングでもあった。

魂が震えるという感覚。とめることができない涙を流し、鳥肌を感じながら、懐かしい感覚とうれしい感覚が混ざった不思議な心地よさに包まれていた。

「人は生まれる前に何か約束をしていることがある」

そんな話を聞いたことがあるのだが、聞いたときは気にもかけていなかった。

しかし、このような〝魂が震えた瞬間〟を思い返すと、この話は妙に納得できた。作家として、読者の方に伝わるような説明ができなくて申しわけないんだけど、自分の中では感覚的に納得できているんだ。

もしかしたら、自分が描いた人生シナリオを思い出しているのかもしれない。

そっか、自分の人生はこっちの方向なのかって。

詳細はよくわからないんだけど、もう感動したこっちの道をいけってことなんだろうなって。

もしかしたら、あなたも似たような経験をしたことがないだろうか？


心が閉じていると、感動して泣くなんてことはできない。

だけど、心を開いていると、突然泣けるような出来事に出合うことがある。

僕が本を出し続けているのは、もしかしたら心を開くお手伝いをしたいからなのかもしれない。嫌なことをやめて、好きなことをしようというテーマで10冊以上書いてきたのだけど、すべては心が開く秘訣を伝えたかったからなんだ。


心を開いて感動すると、その人の人生が本来の輝く場所に自然といくようになるのだから。

昭恵さんとの出会いが、僕の新たな扉を開くきっかけとなった。

KEY NOTE 31

どうやったら心が開くのだろうか？

そのためには、心の仕組みを知る必要があるのさ。

僕は、小学校から高校まで満員電車で通学していた。

サラリーマンが僕のランドセルを肘掛にしたり、他の乗客の汗が頭の上に落ちてきたり……人と人の間に挟まれて足が浮いていたこともある。


頭がおかしくなりそうだったけど、しばらくすると大丈夫になった。

なぜなら、心のセンサーをオフにして何も感じなくしたから。

心のセンサーをオンにしたままだと、とてもじゃないけど耐えられないよね。

人は嫌な出来事が続くと、心のセンサーをオフにする術を身につけてしまう。

自分を守るという意味では、とても大切なことかもしれないけど、オフにしたままだと素敵なものがきても、気がつけなくなるんだよね。

心のセンサーは、素敵なものも嫌なものも、全部感じとるものだから。


心を開くために、まずは、我慢する時間や嫌なことを減らしていくことがお勧め。

全部やめることは不可能だとしても、週に1回だけ通勤時間を早めるとかして、少しずつ我慢していることを減らしていくのさ。

そして、感動しよう。つまり、感じて動く。心が動くものに、素直に反応していこう。

学生時代に夢中になったものを思い返したり、ときめくものを見にいったり、触れにいったり。嫌なことを我慢し続けた分だけ、心のセンサーが鈍っている。

子どものころのように、無邪気に動くには、今いったような「心のリハビリ」が必要なんだ。するとだんだんと心のセンサーが磨かれていき、感度が高くなっていく。


僕がオーストラリアを放浪していたとき、好きなことばかりしていたので、何を見ても何に触れても、感動しまくっていた。沈む夕日を見ただけで、涙が止まらないこともあった。

帰国して父の会社が厳しい状態だと知ると、今までオンにしていた心のスイッチをオフにしたんだよね。

そのころは、何が幸せで何が不幸なのかすら、よくわからない状況だった。

人の気持ちも理解できなくて、衝突も多かった。

幸福を感じることも極端に少なかったし、このままだと絶対に幸せにはなれないと焦って。

そこから心のリハビリをはじめて、また心が動くようになったんだ。


心のセンサーの感度が上がると、ちょっと困ったことも起こる。

昭恵さんのお話を聞いて号泣したりする一方で、他国で起きる戦争をテレビで見て、心が落ち込んで立ち直れなくなってしまったりもする。

THE GAME

KEY NOTE 31

そんなときは、感謝のセンサーを意図的に磨き直すことを心がけている。

幸福度がズバ抜けて高い人たちは、感謝のセンサーがピカピカに磨かれているんだ。

人は「感謝の気持ち」と「ネガティブな気持ち」を同時に感じることはできない。イライラしたり、苦しいと感じたりするときは、もしかしたら「感謝できる状況に気づいていない」というサインかもしれない。

たとえば戦争の映像を見て苦しくなったとき、「今この安全な場所にいられる自分は、誰かが陰で動いてくれたのかもしれない。先人が知恵を絞って、この国を安全にしてくれたのかもしれない」と感謝をする。

そこに感謝の気持ちを注ぐと、不安が和らぎ、「何か自分でもできることはないだろうか?」と思えてきたりする。

少し前に、不安な気持ちが大きくなって寝つきが悪かったときがある。

そんなときにも、双雲くんの話がとても役立った。

幸福の達人である双雲くんは、「この毛布の感触が気持ちいいなぁ。誰が作ったんだろう。すごいなぁ。そして妻が洗濯してくれたからだ。ありがたいなぁ」といいながら寝たりするそうだ。

これなら寝つきがよさそうだよね。

ネガティブな気持ちに支配されたとき、それは感謝を忘れたときでもあるんだ。
だから意図的に「感謝センサー」を磨いていくといいと思うんだな。

感謝センサーを磨くと、あることに気がつきはじめる。
不思議なことに問題がどんどん激減し、ミラクルがたくさん起こるようになるんだ。

人は暇だと問題を起こす

人は暇に耐えられない。退屈しのぎに「問題」という名のゲームをやってしまうんだ。

そのことに気がついたのは、新婚旅行でタヒチを訪れたときだ。

そこは地上で最も美しい島と呼ばれている場所。世界中からハネムーナーが集まり、目に映る景色は美しくて感動的だ。ホテルのスタッフの人たちも優しくて気持ちよくて、心から幸せになれる場所だった。

しかし、5日くらい滞在して、

「暇だ。暇すぎる。10日も滞在できないな。コソ泥やスリが多かった南米に戻りたい」

と呟いている自分に驚いた。

暇すぎて、退屈すぎて、刺激を欲している自分がそこにいたんだ。

そのときに気がついたのは、人間って暇に耐えられない生き物なんじゃないのかということ。

幸せって、暇な時間が続くこと。特に刺激もないし、変化もない。ただただ穏やかな日常が続く。

それは素晴らしいことのように思えるけど、とても退屈なんだ。

地上で最も美しい島・タヒチにて。

ついついスマホをとり出してゲームでもしようかと思うほどだ。当時はスマホが普及する前だったから、スリが多かった刺激的な世界、南米に戻りたいと思ったんだ。


人間は、暇に耐えられない。

だから「問題」という名前のゲームをプレイしているんじゃないだろうか。

ゲームは、だんだんと難易度が上がっていく。はじめたばかりのところで、最終ボスレベルの敵が出てきたら、強過ぎて面白くなくて、ゲームをやめてしまう。かといって、終盤になっても、雑魚キャラしか出てこなかったら、退屈でやめてしまう。

段階的にだんだんと強敵が現れるのが、最高の退屈しのぎになる。

「もしかしたら、人生も同じで、だんだんと難易度が上がっていくように、問題を自ら課しているんじゃないだろうか？」と、ふと思うようになった。

退屈しのぎを〝問題〟にし続けていると、様々なトラブルが起きる。そして、それらを解決するたびに、ドーパミンが出て、快感を覚えてしまう。

気がつくと、中毒者のようになっているんだよね。


退屈しのぎをどうしたらいいのか？

答えを見出せないでいたのだが、武田双雲くんと出会って、気がついた。

「うわ！　こ、こいつ……退屈しのぎに『感謝』してる！」

双雲くんと出会う前、竹田和平さんが「ありがとうを100万遍いうとええがね」とおっしゃっていた。

「なんで100万遍もありがとうをいうといいのですか？」

「ほれ、心というのは、その名の通りコロコロ転がりよって、いいところに定まらないよね。だけどありがとうをたくさんいうと、心がいいところに定まるよね」

和平さんは、意識的に感謝を実践する人だったんだ。

そして、双雲くんは完全ネイティブの「ありがとう道」の感謝の達人だったんだ。

双雲くんとふたりで海辺のおしゃれなレストランでパスタを食べているとき。突然彼が大さわぎしはじめた。

「こーちゃん、あの夕日見て！　すげー感動的じゃない!?　ヤベー!!　すげー！」

カップルが多い場所で、おじさんふたりで夕日にはしゃぐ姿を思うと、「ヤバイのは君だ！」といいたくなったのだが。こんな感じで、彼は暇さえあれば感謝と感動ばかりしている。

そのあたりを歩いていても、「このタンポポ、きれい！」と感動するし、暇さえあれば……というか暇を感じないくらい感謝と感動しているんだ。

その彼の姿を見ていて、雷に打たれたように答えを発見したんだよね。

そっか！　人類は退屈しのぎに「問題」というゲームをするんじゃなくて、「感謝」というゲームをすればいいんだ！　これ、もしかしたら戦争がなくなるレベルかも！　って。

ちょっと空想が先走っているかもしれないけど、退屈しのぎに問題を起こしているとするならば、究極の問題は戦争になってしまう。

もしも退屈しのぎに感謝をするようになったら、間違っても戦争は起こさないだろう。で、思ったのさ。どうやったら、退屈しのぎに感謝ができるのかって。

タヒチほど最高の場所にいても、感謝できなかった僕は、双雲くんに聞いてみた。

「あのさ、感謝するといいってわかっていても、なかなか難しいと思うんだ。どうしたら感謝できるようになると思う？」

「いきなり感謝ってハードルが高いよね。だからまず、今ある物に気づくってのが大切だと思うんだ。たとえば、あそこに海がある、木がある、看板がある、って今の状況にどこまで気づけるか。

人間って意外と、今に意識がなくて、未来か過去にいってしまう。未来に意識がいくと不安になったり、過去に意識がいくと不満になったり。

だからまずは、今に意識を注いで、今ある物に気づいていくんだ。すると、あの海ってあんなにキレイなんだ、あの看板を作った人は優しいなって、だんだんと感謝レベルまで感じられるようになる。

だけど、最初から『感謝してやろう』と思って気づこうとすると、ちょっとハードルが高いんだよね。最初は気づくってだけでいいと思うんだ」

そうか、そうだったんだ。

僕はゲームをやめることにした

僕は新しいゲームに出会ってしまった。気づいてしまったんだ。

それは「感謝ゲーム」だ。


今までのゲームは、退屈しのぎに、新しい問題を見つけ挑んでいく「問題ゲーム」だ。

それは、どんどん問題が大きくなり、どんどん自分の時間を費やしてしまう。

そうではなくて、感謝をするという新しいゲームだ。

退屈しのぎに、感謝をする。今あるものに意識を向けて、感謝できそうなことをキャッチしまくり味わうんだ。

そして、どんどん感謝することが大きくなっていき、次々とラッキーなことが起きてしまう。

不安や不満を感じたとき、それを問題だととらえて解決をするのではなくて、「この状況で感謝できることは何？」と、新しいゲームとしてとらえるんだ。

最初は難しいかもしれないけど、やり込んでいくうちに慣れてくる。このゲームの世界観がわかってくる。

このゲームは、びっくりするほどリターンがいいんだ。自分の力以上のものが、スルスルっと手に入ることが多い。従来のゲームでどれだけ努力をしたとしても、到底手に入らなかったようなものが手に入ってしまう。そう、コスパ最強のゲームなんだ。

それをみんなに伝えたい。ひとりでも多くこのゲームの素晴らしさに気づいて参加して欲しい。

自分がすごい人や素晴らしい人になろうとするよりも、世の中のすごさや素晴らしさを見つけて、味わい、感謝しまくる。

この「感謝ゲーム」は、たとえるなら、京風のお出汁の世界。薄味だけど、洗練された大人が、その奥深さを味わっているような感じだ。心を落ち着かせ料理人に敬意を払いながら、その奥深さに感動していくようなもの。

対して「問題ゲーム」は、化学調味料と香辛料バリバリの中毒性が高い感じ。カンタンに中毒になってしまう。だから人類は問題中毒の段階からなかなか進化できない。

だけど、ひとりでも気づきはじめる人が増えれば、進化できると思うのさ。

進化できた人から、世の中が自分のすごさや素晴らしさに気づいて、なぜだかちやほやしてもらえるようになる。

世の中の素晴らしさに気づこうとしないまま、どれだけ自分を磨いても、なかなか実を結ばない。

もちろん自分磨きも大切だけど、世の中の磨かれたものを愛でていると、自然と自分も磨かれてしまう。

だんだんと、こんなルールに気づきはじめるんだ。

さぁ、新しいゲームをはじめよう！

新しいゲームは、いつだってレベル1からの出発

妻が、世界で活躍している女性と知り合った。

「私が将来やりたいと思っていたことを、すでに実現されている方と知り合ってね。その方は、王族の方やスイス人の金融関係の方と友達だったりして、とても活躍されているの。いろいろお話をしたら、今そのスイスの方と一緒に来日しているので、ご主人と一緒にどうですか？　と誘われてね」

「いいんだけど……僕は竹田和平さんの教えは引き継いだけど、財産は引き継いでいないよ。そんなスイスのプライベートバンカーのような人とつながっても、預けられそうな規模の財産はさすがに持っていないけど」

「別に営業じゃないみたいだから。ただ仲よく話をするだけみたいよ」

そんなこんなで、六本木のホテルでお話をさせていただくことになった。

マークと名乗るその人は、聞けば、湖の畔に家があり、オフィスは湖の対岸にあるそうだ。風のない日はモーターボートで、風のある日はヨットで出勤し、スイスの山奥、深く掘った穴の中で、世界中から預かった財産を守っているとかで……明らかに僕とは住む世界が違っていた。

「あなたの名前は、マークじゃなくて、ジェームズ・ボンドだよね？」

と話したら、とても盛り上がって、結局翌日も話をすることとなり、スイスの国防のことか

ら金融までみっちり教えてもらい、非常に勉強になった。

「もっとスイスや世界が知りたいなら、ダボス会議にきなさい。君みたいな人はきたほうがいい」

ダボス会議？　なんか聞いたことがあるぞ。

「はい、いきます！　で、ダボスってどこにあるんすか？」

「スイスだよ」

なんとも間抜けなやりとりなんだけど、そのくらい僕は何も知らなくて。家に帰ってから慌てて検索をした。

ダボス会議は、正式名称を世界経済フォーラムというらしい。世界中のリーダー、国家元首やら経営者やら学者やらが集まって、世界が抱えているいろいろな問題――地球温暖化やら、経済格差やら、戦争やら――を解決するために話し合う、というすごい会議だというのがわかった。

ってゆーか、すごすぎてクラクラする……。俺、すでにいくっていっちゃいましたよね？

ノリでいくといってしまったが、正直かなり戸惑ってしまった。

同時に、「やっと自分が意図していた世界が広がった」とワクワクもしていた。

本当に王族や、世界中のリーダーたちと会って話す機会を得られるんだ。

スイス人のプライベートバンカー、マークと。

こんなにも夢が早くかなうなんて！　と、意気揚々と家族とともにスイスへ渡ったんだ。

スイスアジア商工会議所に所属するマークの手配で、僕たちは、ダボス会議の会場へと足を踏み入れた。本会議には参加できないけど、周囲のサイドイベントや、いくつかの会場をまわり、運よく、バーレーンの王族が主催する食事会にも参加することができた。

妻と、「やっと意図がかなったね。すごいね！」と喜んでいたのだが……食事会での会話の内容が高度過ぎて、とてもついていけない。英語で繰り広げられる、金融用語や経済用語、政治用語などがまったく聞きとれないんだ。

僕はバックパッカー上がりなので、バーで「なんだよ、この酒は。アルコールの度数が低すぎるだろ。俺は子どもじゃないんだ。もっと度数を上げた酒をよこせよ」なんてことはいえる。

しかし、公定歩合を上げてとか、円を上げろとか、そんな英会話は聞いたこともなければ、話したこともない。

パーティではひたすら静かにしていた。

途中何度か、意を決して自分から話を振ってみた。

「僕は日本で本を書いていて」

「そうなの？　私も本を書いているんだけど、英語だけでなく、フ

家族でスイス・ダボス会議へ。

ランス語、ドイツ語、スペイン語など、20カ国に翻訳されて、たくさんの人に読んでいただいているわ」

え、僕そんなすごくないっす……。

「僕は会社も経営してて」

「私も会社をやっているの。はい、これ名刺」

え、5大陸すべてに会社があるんすか？

「僕はジャパニーズ・ウォーレン・バフェットと呼ばれた、日本の投資家・竹田和平さんの弟子で」

「あら、ちょうどよかった。5000億円くらいの投資先を探していて。どこか知らない？」

し、知らんがな……。マジでもう帰りたい。

何度も撃沈したのであった。


帰りに妻と、「最高の気持ちと、最低の気持ちを同時に味わったね……」とポツリ。

そう、ここでの僕は、ロールプレイングゲームでいうところの「村人A」なんだ。日本でやっていたときは、そこそこのレベルの勇者ポジションをとっていたはずなのに……見事に撃沈。

何も通用しなかった。


やっぱり、元の勇者ポジションに戻って、居座っていたい。

今さら、武器も防具も何も持っていないレベル1状態の雑魚キャラに戻って、スライムと格闘する日々は送りたくない。

もうクリアしたあの過去のゲームの中で、のんびり過ごしていたい。

そんな弱気な自分が顔を見せていた。


でも……

漫画『行け！稲中卓球部』のあのシーンが、フラッシュバックのように思い出された。

井沢が涙を流しながら、「オレなんて…終わったドラクエのレベル上げてたんだぞーーーー‼」と叫び、絶望していたあのシーンだ（114ページ参照）。

もう、クリアしたゲームを、ずっと惰性でやり続けている、刺激もなく、退屈な日々はもうたくさんだ。

足踏みはやめて、新しいゲームに切り替えて、一歩を踏み出すタイミングなんだ。

竹中平蔵さんとの出会い

新しいゲームをはじめるとき、不安になる。

新しくチャレンジをするとき、不安になる。

やっぱりやめようかと思ってしまう。

でもね。

発売日が待ち遠しかった、買ってきたばかりのゲームだとしたら？　と考えたらどうだろう。

子どものころ、新しいゲームを買ったときって、すごくワクワクしたよね。これからどんな大冒険がはじまるんだろうって、超コーフンしたよね。

不安でやめよう、なんて絶対に思わない。それどころか「クラスの誰よりも早くゴールしてやるんだ！」くらい思っていたはず。


どうやったら、この人生でも同じように思えるのだろうか？

その鍵が、感謝なんだと思う。

人は、不安と感謝を同時に感じることはできない。

不安でビビって先に進めなくなるのは、いつだって感謝を忘れたときだ。


こうしてダボスにこられたこと、王族の食事会に参加できたこと、自分とは異次元で活躍している人たちと出会えたこと……すべてが自分の力を超えたすごい出来事だ。

力を貸してくれた方、縁をつないでくださった方々に、深く感謝の気持ちを持ってみる。すると、自分の乗った飛行機を整備してくれた人にまで、感謝の気持ちが湧いてくる。

振り返ってみると、なんて素晴らしい経験ができたのだろうとうれしくなるんだ。


そんな感じで気持ちをととのえたら、また新たな出会いへと導かれた。

ダボス近郊のスキー場の山小屋で日本人を見かけた。なんだか見たことがあるお顔だと思ったら、それは、経済学者で慶應義塾大学名誉教授の竹中平蔵さんだった。

「竹中平蔵さんだ！　ダボス会議のことを深く知る上で、この方から学べたらすごいだろうな」

そんなふうに思っていたら、僕らと同行していた日本人メンバーの松下さんが、

「私、学生時代に竹中先生の授業を受講していたので、ご挨拶にいってきます」

といって竹中さんのほうへと歩きはじめた。これ幸いと僕もちゃっかり便乗してついていき、まんまとお話しする機会をいただいたんだ。


当時僕は、中国で6億人以上のユーザーを抱える巨大音声プラットフォーム「喜馬拉雅（シマラヤ）ＦＭ」の日本版サービスhimalaya（ヒマラヤ）で、「世界一ゆる〜い幸せの帝王学」というラジオ番組をやっていた。そのヒマラヤで、竹中さんもラジオ配信をしていた。

「竹中さん、ヒマラヤでラジオ配信されていますよね？　僕もです！」

そんな感じで、軽く挨拶をさせていただいた。

帰国するとすぐに、ヒマラヤのスタッフさんたちに相談した。

「スイスで竹中平蔵さんと偶然お会いして。竹中さんと僕の対談番組という企画はどうでしょう？」

当時僕の番組は総再生回数３００万回を超え、ヒマラヤ内ナンバーワンになっていた。それをアピールしながら対談企画を提案すれば、あわよくば受けていただけるのではないかと考えたわけだ。

数日後、スタッフの方が満面の笑顔でこういった。

「晃一さん、竹中さんがお受けしてくださいました！」

うれしい！　……という気持ちの前に、不安が一気に押し寄せてきた。

「マジか！　でも冷静に考えたらビビるな。俺、経済用語なんてまったく知らんぞ」

急いで竹中さんの本を読み漁りはじめた。

「やべ〜。小泉政権のことなんて全然知らない。頭に入ってこない。んじゃ、この本を……うわ、マジでパニック。俺の知識なんかで対談できるはずがないじゃん。なんて無鉄砲なことを打診したんだろう。俺のヴァカ‼」

そんなふうに叫びたい気持ちになった。

こんなときこそ、感謝だ。

快くお受けくださった竹中さん、手配に尽力してくださったヒマラヤスタッフの皆様、竹中さんのスタッフの皆様、収録・配信してくださるスタッフの皆様……

思いつく限り、「ありがとう」の気持ちを送り、そして味わってみた。

すると不思議なことに、不安が軽減され、「よし！　やってみよう！」という勇者モードにチェンジして、竹中さんとの対談企画へと突入していった。


ダボスから帰るとすぐに、世界はコロナで大変なことになった。

経済的にも生命的にも、一体どうなるんだろう？　と世の中は不安でいっぱいだった。

「アフターコロナの、お金と経済」と題してはじめた竹中さんとの対談番組は、お陰様でたくさんの方々に聴いていただけた。

竹中さんは、難しい経済用語は一切使わずに、非常にわかりやすい言葉で解説をしてくれた。収録がはじまる前に、「では、こーちゃん、平ちゃんと呼び合って番組を進めましょう」と和やかにおっしゃってくれたので、僕の緊張も緩和され、楽しみながら1年以上続いた。

残念ながら、ヒマラヤが日本市場から撤退することになり、途中

竹中平蔵さんとのヒマラヤネットラジオ「アフターコロナのお金と経済」の収録。ナビゲーターの藤井あやさんと。

で終わってしまったのだが、これは僕にとってとてもいい経験となった。

番組スタート当初に、平ちゃんが、「歴史を紐解くと、終わらなかったパンデミックはないんです」とおっしゃっていた。

この言葉に、どれだけの人が希望を見出せたのだろうか。

コロナが猛威をふるいはじめて間もないころ、この先もずっと真っ暗なのかもしれないという不安に、多くの人が押しつぶされそうになっていた。

平ちゃんの言葉は、そんな人たちを勇気づけた。

「パンデミックのあとは、それまでの働き方とはガラッと変わるんです。今回はグリーン(環境)とデジタルになります」

そんなことをサラッとおっしゃっていたが、どれだけ多くの人が参考にしただろう。

本当に有意義な番組だったと思う。

ビビりながら新しい世界へ

平ちゃん（竹中さん）との対談番組という経験を通して、僕は英語力だけでなく、とにかく文化・教養が自分には足りないと痛感した。世界の人たちと話すには、英語力だけでなく、文化・教養がないと会話が弾まない。

平ちゃんがサラッと話す、文化・教養の深さにただただ感服し、改めて、この世界では自分は雑魚キャラであるということを再認識したんだ。

そんな最中、一緒にダボスへいった松下英樹さんから、「社会人が、英語で文化・教養を学べる島田晴雄先生のゼミに興味はありませんか？　慶應義塾大学の名誉教授で、公立大学法人首都大学東京（現 東京都公立大学法人）の理事長をされています」とお誘いをいただいた。

まずはゼミを見学させてもらったのだが、その授業は、アメリカの経済誌をそのまま英語で読んで、英語で討論するものだった。

完全にビビる、というか、ついていける予感がまったくしなかった。

しかし、今飛び込まないと、いつ勉強できるんだ？　と自分を奮い立たせて飛び込んだんだ。

実際に飛び込んでみると、周囲の人たちは、社会人といえど東大や慶應を出ている人ばかりだった。東洋短期大学二部を除籍した僕には、完全なアウェイだった。

他の受講生がスラスラと英文を読む中、僕はつっかえつっかえで恥ずかしい思いをたくさんしている。あー、やっぱり完全に雑魚キャラだ。雑魚どころか、一番ビリだ。

こんなとき、前ならきっと、いじけるか引っ込むかだったと思う。

でも、僕には新しい技がある。

「落ち込んだときは、感謝が足りない」法則を思い出して、感謝しまくって周囲を見渡してみた。するとどうだろう。

雑魚キャラで落ちこぼれの僕でも、島田先生は笑顔で受け入れてくださっている。

僕の体験や、今後したいことを一生懸命聞いてくださり、この本を読んだらいいとか、このテーマで研究するといいよ、と丁寧にご指導してくださっている。

なんて素晴らしい状況なんだろう。本当にありがたい。

こうして僕は、何度も何度も「感謝」を発動させながら、勉強を続けていった。

お陰で、世界がグッと近くなり、前線で活躍されている方の経験談や考え方をたくさん学ばせていただくことができ、めちゃめちゃ大きなものを手に入れることができた。

自分は雑魚キャラだ、といじけていたままなら、周囲の人の優しさに気づけないままでいただろう。

雑魚キャラであることを認めながらも、目を伏せるのではなく、前を向き、まわりを見渡し、とにかく感謝をしまくる。そうすれば、世界が変わっていくことを何度も実感できた。

そのゼミで素敵な出会いがあることはもちろん、魅力的な友達にどんどん出会う機会も増えた。


面白いことに、コロナ禍でまったく出歩けなかったにもかかわらず、どんどん出会いが増えていった。

それは、ちょうどそのころに登場した会話を楽しむための音声SNS「Clubhouse（クラブハウス）」のおかげもあった。


クラブハウスでは様々なテーマのトークルームが開かれていた。基本的には自由に参加でき、誰でも話を聴くことができる。そこには、テレビでしか見たことがない著名人や、第一線で大活躍している人たちが、普通に参加していた。

友達とトークルームを開いて適当に話していると、信じられないような有名人が参加してきてくれて、いきなり一緒に話すことになったりする。

お風呂上がりに、なんとなくクラブハウスを開いて、ボーッと聞いていたら、突如スピーカーとして招待されて、誰もが知っている有名作家たちに囲まれて、本について語り合う、なんてことも起きたり。

普通に考えたらどうやっても出会えそうにない人や、ずっと憧れていた人にも、スマホひとつでつながってしまう。そして、会話が弾み、会ったこともないのにどんどん親しくなっていく。

ビビっていると、なかなか会話は弾まない。でも、そんな人たちといきなり話をするとなると、普通にビビってしまう小市民の僕。

そう、ビビったときこそ感謝だ。


たとえば、自分がいきたい憧れの世界で、すでに活躍している人たちが会話しているとき、「うわ、ビビるわ〜。この会話の中に入るような経験も知識も俺にはない。黙って聞くだけにしておこう」となってしまう。

だけど、「そうだ、こんなときこそ感謝だ」って思い直すと、「僕がいきたい世界の人たちと会話ができるなんて、すごくありがたく思っています。よろしくお願いします！」といって、一歩を踏み出すことができる。


すると、だいたい温かく迎えてくれるし、疑問に思っていることを素直に投げかければ、みんな優しく答えてくれる。それどころか、仲間として受け入れてくれることが多々あった。

「村人A」も「勇者」と仲よくできる経験値が増えると、なんだか謎の自信もついてくるんだ。

たった一度の人生だから

この新たにはじめたゲームの中では、僕は、武器も防具も何も持っていないレベル1状態の雑魚キャラ。勇者どころか、村人A状態だ。

できないことばかりで、学ばないとならないことも山ほどあって、途方に暮れそうになるくらい。

前のゲームで勇者としてぶんぶん剣を振りまわしていた時代を思い出し、「あのころ、よかったなぁ」なんて思っちゃったりもする。

でも、今のゲームはめちゃくちゃ面白いんだ。

明らかに雑魚なんだけど、毎日がワクワクしていて、心は震え、感動しまくって、笑いまくっている。

以前の僕とは熱さが違う。心はピカピカ光っている。

そう、自分のハートが輝いているのが実感できているんだ。

出会う人は明らかに変わった。

びっくりするくらい輝いている人たちばかり。これまでのゲームでは、絶対に登場しなかったであろうキャラに、どんどん出会えている。

意識してゲームを変えたら、とんでもないことになりはじめている。
相変わらず、劣等感いっぱいで、恥ずかしい思いもいっぱいしている。
でも、僕は知っている、この先に素晴らしい世界が待っていることを。
何があっても、感謝しまくろう。
「あー、ここにいる俺って素晴らしいじゃん」
そんなことを呟きながら。
たった一度の人生だから。
これからも僕は、ゲームのように生きていく。

THE GAME

KEY NOTE 32

子どものころ、大人のときより時間をずっと長く感じていた。

授業の合間にある10分の休み時間、校庭で全力で遊び、大笑いしながら、楽しく過ごしていた。

夏休みなんて、無限に続くかのような時間の長さを感じていた。


ところが大人はどうだろう。

10分なんてすぐに過ぎ去るし、1ヶ月ですら気がついたら過ぎている、といった感じだ。

子どものころは、体験するものすべてが新しいものなので、時間を長く感じるらしい。

体感時間で考えると、19歳までに一生の半分の時間が過ぎるというんだ。


それならば、新しいことにチャレンジをすればいい。

子どものころのように、体験するものが新しいものだらけなら、体感時間は長くなる。

絶対的な時間は変わらなくても、感覚的な時間を長く感じるのであれば、それは長生きといえるよね。


新しいことにチャレンジしている人たちは、僕らが思うよりもずっと長生きしているのかもしれない。

実際に若々しい人を思い浮かべると、間違いなく新しいことにチャレンジをしている人だ。

寿命が長くなるなんて、それは神様からのボーナスポイントと呼べるような気がしない？

だからこれからも、僕はどんどん新しいゲームをやるだろう。

小・中学校の9年間「俺、ずっとテトリスだけやっていたんだよね」という友達よりも、たくさんのゲームをやっている友達のほうが、面白いと思うから。


死んだあとの世界があったとしよう。

思い出を語るとしたら、いろんな挑戦をしたやつのほうが絶対に面白い。

たくさんチャレンジしたほうが、たくさんの人と再会して思い出話に花を咲かせるだろう。

また、残してきた世界が少しでもいい方向へと進むよう、貢献できているだろう。


ゲームで貯めたお金は、次のゲームには活かせない。

だけど、持っていけるものがあるのを僕は知っている。


僕の師匠・竹田和平さんは、いつもおっしゃっていた。

「死んでもお金は持っていけない、でも徳は持っていけるがね」と。

改めて徳って何かを考えると、世の中をよくしたり、楽しくしたりすることなんじゃないかと思う。

そして、この世界を心からおもいっきり楽しむことでもあると思う。

だから、どんどんチャレンジしていこう。

自分が輝くと、間違いなくまわりも輝きはじめ、世の中がよくなっていく。

もし今やっているゲームに飽きたら、思い切って新しいゲームをはじめてみよう。

帰り道を少し変えることだけでも、立派なチャレンジだ。

少しの変化を楽しめるようになったら、人生で退屈を感じる時間はグッと減り、面白い出会いに恵まれるだろう。


いつだって村人Aになれる人は、ドラえもんの「無限にゲームを買えるスネ夫くん」みたいなもんだと思ってさ。

さぁ、今からどんなゲームをする？
ワクワクしながら、新たなゲームをはじめよう！

おわりに

この世界でのゲームが終わる日が、誰しも必ず訪れる。

僕だってそうだ。

もしも亡くなったあとに世界があるとしたら、再会したい人たちがいる。

岩本さんには、「大好きなことをやって生きましたよ！　あのアドバイス最高でした。ありがとうございます」と報告したい。

祖母には、「秋田へ自転車で旅したのがきっかけで人生が広がってね。ばあちゃんの孫として、目一杯世界を楽しんだよ！　ありがとう！」と報告したい。

和平さんには、「旦那として生きられました。おかげさまで実りのある人生でした。ありがとうございます」と胸を張って報告したい。

誰と再会して、どう胸を張って、何を報告したいのか？

今からどんなゲームをするのか迷ったとき、そんな問いを自分に投げかけていくと、見えてくるかもしれない。

たくさんの愛情を注いでくれた先人たちに、お礼を伝えられるような人生を歩んでいくには
どうしたらいいんだろう？

たくさんの愛情を受けとり、たくさんの愛情を後世に残していく。
それこそが、究極のシェアなのではないだろうか。
そして、魂が震えるような経験があと何回できるのだろうか。

旅に出よう。
まだ見ぬ素晴らしき世界を見るために。
そして、まだ会わぬ素晴らしい友に会うために。

まだ会わぬ友へ
２０２３年１月31日　50歳の誕生日、芝生の庭がある新居にて　本田晃一

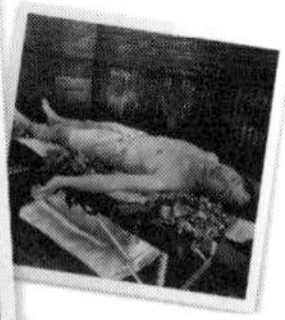

この後、ビールも飲んじゃって、
「もう今日の原稿はいいよね」となってしまった。
（こんなんだから、原稿書き上げるのに3年もかかるんだよな）

2022年1月18日、千葉・船橋のジートピアにて。
サウナ室で、白樺などの若枝を束ねたヴィヒタで体を叩いたりする「ウィスキング」を体験して昇天&放心。
パチパチにととのってから、全神経を集中してSNSを更新している様子。

僕はゲームのように生きることにした。

2023年3月7日　初版発行
2023年3月29日　第3刷発行

著者　本田晃一

企画・編集　滝本洋平
編集協力　川端隆人 岡田亜理寿
デザイン　大津祐子

Special Thanks
安倍昭恵さん 荒川祐二くん 犬飼ターボくん イワノくん 岩本國男さん 太田宏社長 神田昌典さん Jin 佐伯仁志(心屋仁之助)さん 島田晴雄先生 世界一周堂さん 高橋歩くん 滝本洋平くん 武田双雲くん 竹田和平さん 竹中平蔵さん ひすいこたろうさん 平本あきおさん 藤井あやさん 本田健さん マークさん 松下英樹さん ミスター59 山本明弦さん 山本雅子さん 山本時嗣くん himalayaの皆様 HRDSの皆様 マイグレの皆様 秋田のばあちゃん お父さん お母さん 妹 妻 子どもたち ここに書ききれなかった僕に関わって下さったすべての皆様

発行者　高橋歩

発行・発売　株式会社A-Works
〒113-0023 東京都文京区向丘 2-14-9
URL : http://www.a-works.gr.jp/　E-MAIL : info@a-works.gr.jp

営業　株式会社サンクチュアリ・パブリッシング
〒113-0023 東京都文京区向丘 2-14-9
TEL : 03-5834-2507　FAX : 03-5834-2508

印刷・製本　株式会社シナノパブリッシングプレス

PRINTED IN JAPAN